Impressum
Verlag: BABADADA GmbH, Nedderfeld 112 , 22529 Hamburg
Geschäftsführer / Verlagsleitung: Harald Hof
Druck: Books on Demand GmbH, In de Tarpen 42, 22848 Norderstedt

Imprint
Publisher: BABADADA GmbH, Nedderfeld 112 , 22529 Hamburg, Germany
Managing Director / Publishing direction: Harald Hof
Print: Books on Demand GmbH, In de Tarpen 42, 22848 Norderstedt, Germany

Šola

اسکول

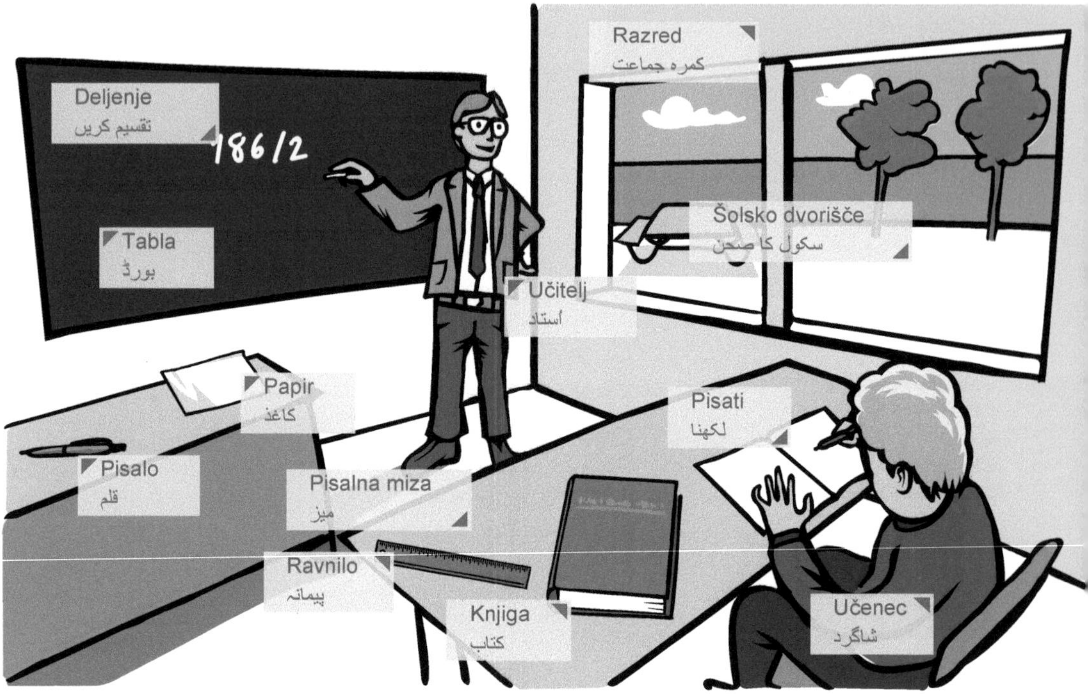

Deljenje
تقسیم کریں
186/2
Tabla
بورڈ
Razred
کمرہ جماعت
Šolsko dvorišče
سکول کا صحن
Učitelj
اُستاد
Papir
کاغذ
Pisati
لکھنا
Pisalo
قلم
Pisalna miza
میز
Ravnilo
پیمانہ
Knjiga
کتاب
Učenec
شاگرد

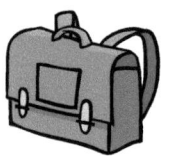

Šolska torba

بستہ

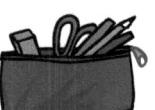

Peresnica

پینسل کیس

Svinčnik

پینسل

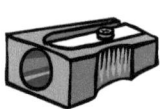

Šilček

پینسل شارپنر

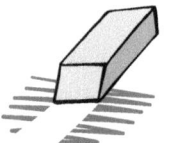

Radirka

ربڑ

Risalni blok

ڈرائنگ پیڈ

Risba

ڈرائنگ

Čopič

پینٹ برش

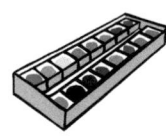

Vodene barvice

پینٹ باکس

Škarje

قینچی

Lepilo

گوند

Zvezek

مشق کی کاپی

Domača naloga

ہوم ورک

Število

ہندسہ

2+2

Seštevanje

جمع کریں

5-2

Odštevanje

منفی کریں

Množenje

ضرب دیں

Računanje

شمار کریں

A

Črka

خط

ABCDEFG
HIJKLMN
OPQRSTU
VWXYZ

Abeceda

حروف تہجی

Beseda

لفظ

Besedilo

متن

Brati

پڑھنا

Kreda

چاک

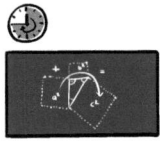

Učna ura

سبق

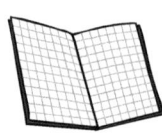

Redovalnica

اندراج

Preizkus znanja

امتحان

Spričevalo

سند

Šolska uniforma

سکول یونیفارم

Izobrazba

تعلیم

Enciklopedija

انسائیکلوپیڈیا

Univerza

یونیورسٹی

Mikroskop

خورد بین

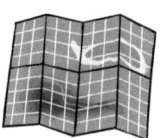

Zemljevid

نقشہ

Koš za smeti

ویسٹ پیپر باسکٹ

Potovanje
سفر

Hotel
ہوٹل
Grand
Hostel
ہاسٹل
ROOMS
Menjalnica
رقم تبدیل کرانے کیلئے دفتر
Kovček
سوٹ کیس
Avtomobil
کار

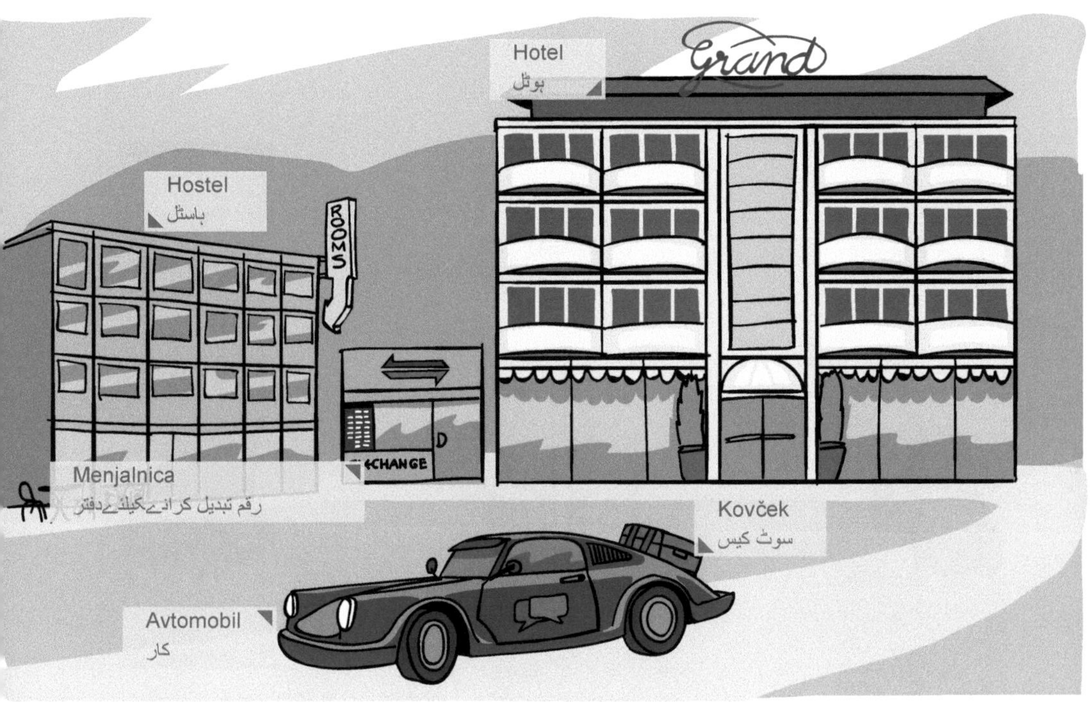

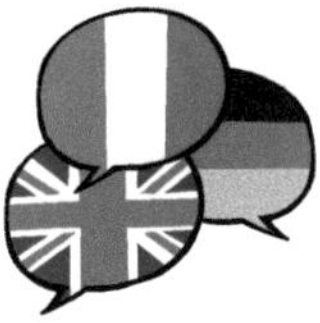

Jezik

زبان

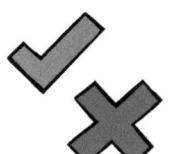

da / ne

ہاں / نہیں

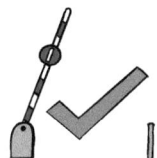

Prav

ٹھیک ہے

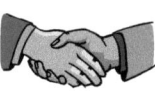

Pozdravljeni

ہیلو

Prevajalec

مُترجم

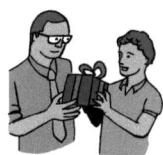

Hvala

شُکریہ

Koliko stane...?

؟ کی کیا قیمت ہے؟

Ne razumem

میں نہیں سمجھتا

Težava

مشکل

Dober večer!

شام بخیر!

Dobro jutro!

صبح بخیر!

Lahko noč!

شب بخیر!

Nasvidenje

الوداع

Smer

سمت

Prtljaga

سفری سامان

Torba

بیگ

Nahrbtnik

بیگ پیک

Gost

مہمان

Soba

کمرہ

Spalna vreča

سلیپنگ بیگ

Šotor

ٹینٹ

Turistične informacije

سياحوں کے لئے معلومات

Plaža

ساحل

Kreditna kartica

کریڈٹ کارڈ

Zajtrk

ناشتہ

Kosilo

لنچ

Večerja

ڈنر

Vozovnica

ٹکٹ

Dvigalo

لفٹ

Znamka

مُہر

Meja

سرحد

Carina

کسٹمز

Veleposlaništvo

سفارت خانہ

Vizum

ویزا

Potni list

پاسپورٹ

Prevoz

نقل وحمل

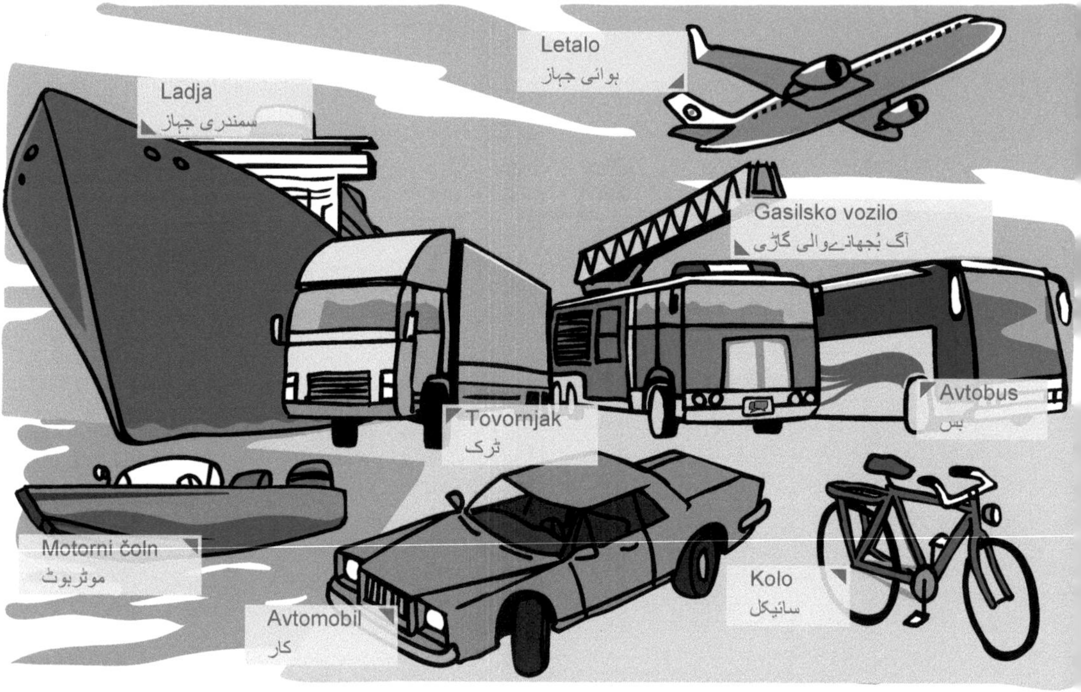
Letalo
ہوائی جہاز
Ladja
سمندری جہاز
Gasilsko vozilo
آگ بُجھانے والی گاڑی
Avtobus
بس
Tovornjak
ٹرک
Motorni čoln
موٹربوٹ
Kolo
سائیکل
Avtomobil
کار

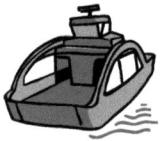

Trajekt

فیری

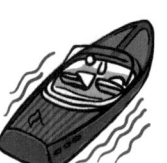

Čoln

کشتی

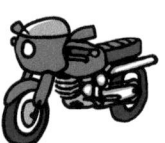

Motorno kolo

موٹرسائیکل

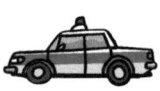

Policijski avto

پولیس کار

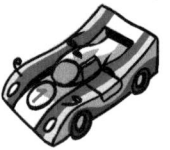

Dirkalni avto

ریسنگ کار

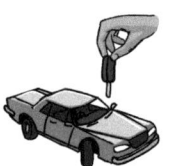

Najeto vozilo

کرایہ پرکار

Souporaba avtomobila

کار کا اشتراک کرنا

Avtovleka

کھینچنے والا ٹرک

Smetarsko vozilo

کوڑے والا ٹرک

Motor

کار

Gorivo

ایندھن

Bencinska postaja

پٹرول اسٹیشن

Prometni znak

ٹریفک کے نشانات

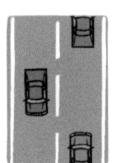

Promet

ٹریفک

Zastoj

ٹریفک جام

Parkirišče

کار پارک

Železniška postaja

ٹرین اسٹیشن

Tirnice

پٹریاں

Vlak

ٹرین

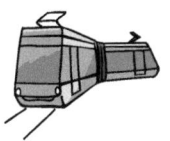

Tramvaj

ٹرام

Vagon

ویگن

Helikopter

بیلی کاپٹر

Letališče

انڑپورٹ

Stolp

ٹاور

Potnik

مسافر

Kontejner

کنٹینر

Karton

ڈبہ

Voziček

ریڑھا

Košara

ٹوکری

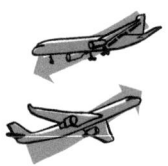

vzleteti / pristati

اڑان بھرنا / زمین پراترنا

Mesto

شہر

Vas

گاؤں

Mestno jedro

سٹی سنٹر

Hiša

مکان

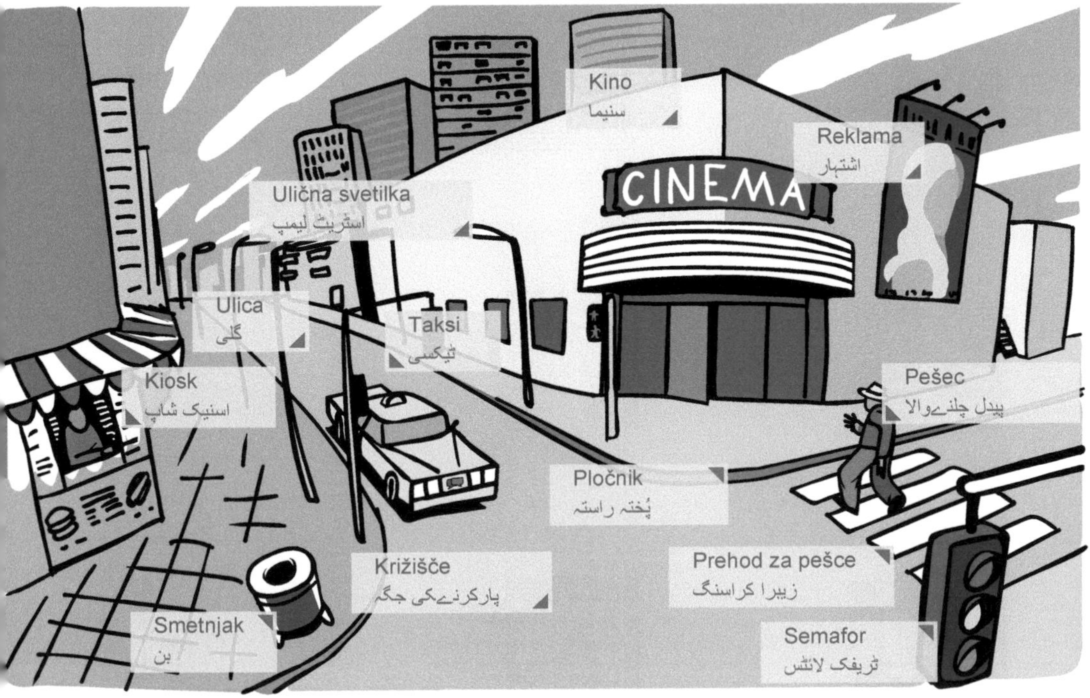

Kino
سنیما

Reklama
اشتہار

Ulična svetilka
اسٹریٹ لیمپ

CINEMA

Ulica
گلی

Taksi
ٹیکسی

Kiosk
اسنیک شاپ

Pešec
پیدل چلنے والا

Pločnik
پُختہ راستہ

Križišče
پارکرنے کی جگہ

Prehod za pešce
زیبرا کراسنگ

Smetnjak
بن

Semafor
ٹریفک لائٹس

Koča

بٹ

Stanovanje

فلیٹ

Železniška postaja

ٹرین اسٹیشن

Mestna hiša

ٹاؤن ہال

Muzej

عجائب گھر

Šola

اسکول

Univerza

یونیورسٹی

Banka

بینک

Bolnišnica

ہسپتال

Hotel

ہوٹل

Lekarna

فارمیسی

Pisarna

دفتر

Knjigarna

کتابوں کی دکان

Trgovina

دکان

Cvetličarna

پھولوں کی دُکان

Supermarket

سُپرمارکیٹ

Tržnica

مارکیٹ

Veleblagovnica

ڈیپارٹمنٹ سٹور

Ribarnica

مچھلی کی دُکان

Nakupovalno središče

شاپنگ سنٹر

Pristanišče

بندرگاہ

Park

پارک

Klop

بنچ

Most

پُل

Stopnice

سیڑھیاں

Podzemna železnica

انڈرگراؤنڈ

Predor

سُرنگ

Avtobusno postajališče

بس اسٹاپ

Bar

شراب خانہ

Restavracija

ریسٹورنٹ

Poštni nabiralnik

پوسٹ باکس

Ulična tabla

اسٹریٹ سائن

Parkirna ura

پارکنگ میٹر

Živalski vrt

چڑیا گھر

Kopališče

سوئمنگ پول

Mošeja

مسجد

Kmetija

کھیت

Onesnaževanje

آلودگی

Pokopališče

قبرستان

Cerkev

چرچ

Otroško igrišče

کھیل کا میدان

Tempelj

مندر

Pokrajina

منظر

List
پتہ

Kažipot
رہنمائی کے لئے لگا ہوا بورڈ

Pot
راستہ

Travnik
سبزہ زار

Kamen
پتھر

Drevo
درخت

Pohodnik
پیدل چلنے والا، ہائکر

Reka
دریا

Trava
گھاس

Cvetlica
پھول

Dolina

وادی

Hrib

پہاڑی

Jezero

جھیل

Gozd

جنگل

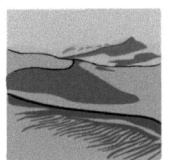

Puščava

صحرا

Vulkan

آتش فشاں

Grad

قلعہ

Mavrica

قوس قزح

Goba

گھمبی

Palma

کجھورکا درخت

Komar

مچھر

Muha

مکھی

Mravlja

چیونٹی

Čebela

مکھی

Pajek

مکڑا

Hrošč

بھونرا

Žaba

مینڈک

Veverica

گلہری

Jež

خارپُشت

Zajec

خرگوش

Sova

الو

Ptič

پرندہ

Labod

راج ہنس

Divji prašič

سؤر

Jelen

ہرن

Los

امریکی بارہ سنگھا

Jez

ڈیم

Vetrnica

ہوا سےچلنےوالی ٹربائین

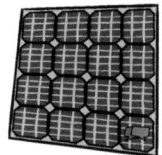

Solarna plošča

سولرپینل

Podnebje

آب و ہوا

Restavracija
ریسٹورنٹ

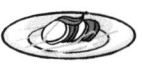

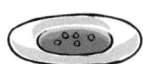

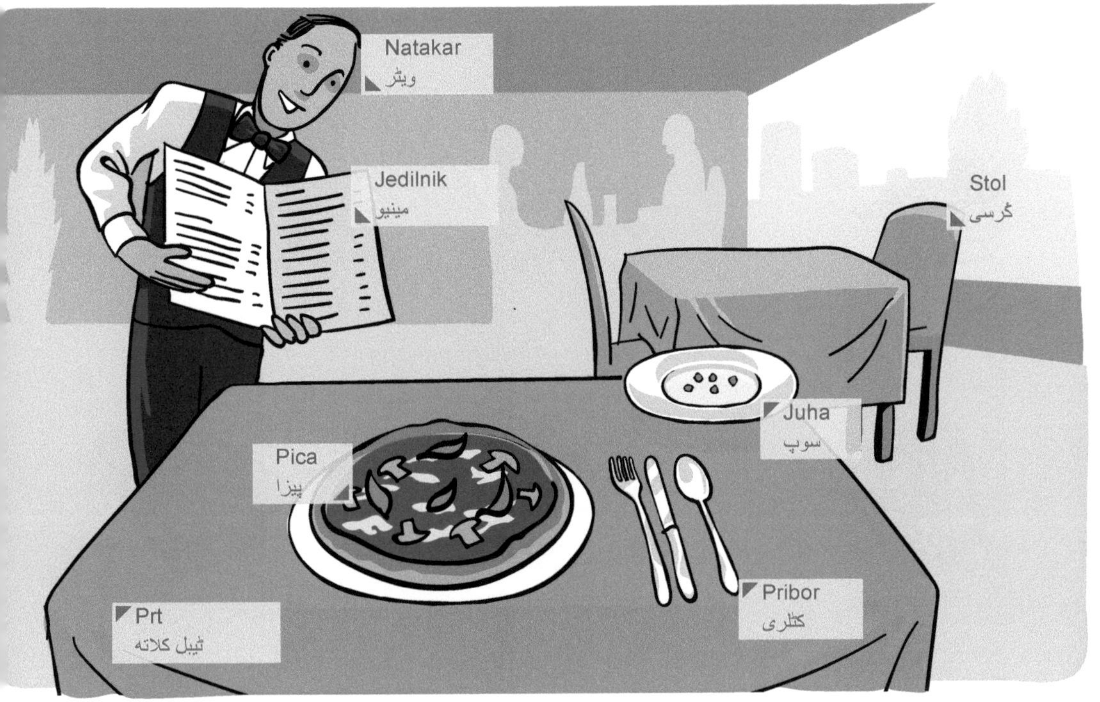
Natakar
ویٹر
Jedilnik
مینیو
Stol
کرسی
Juha
سوپ
Pica
پیزا
Pribor
کٹلری
Prt
ٹیبل کلاتھ

Predjed
اسٹارٹر

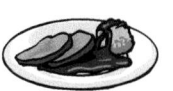

Glavna jed
مین کورس

Sladica
ڈیزرٹ

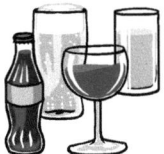

Pijače
مشروبات

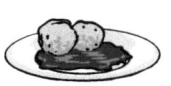

Hrana
کھانے کی اشیاء

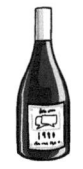

Steklenica
بوتل

Hitra hrana

فاسٹ فوڈ

Ulična hrana

اسٹریٹ فوڈ

Čajnik

چائےدانی

Sladkornica

شوگرباکس

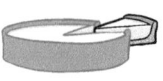

Porcija

حصہ

Aparat za espresso

ایسپریسو مشین

Stolček za hranjenje

اونچی کرسی

Račun

بل

Pladenj

ٹرے

Nož

چھُری

Vilica

کانٹا

Žlica

چمچ

Čajna žlička

چائے کا چمچ

Servieta

سرویتیٹی

Kozarec

شیشہ

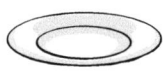

Krožnik

پلیٹ

Globoki krožnik

سوپ پلیٹ

Krožniček

طشتری

Omaka

چٹنی

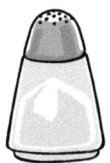

Solnica

سالٹ شیکر

Mlinček za poper

پیپرمل

Kis

سرکہ

Olje

خوردنی تیل

Začimbe

مصالحے

Kečap

کیچپ

Gorčica

سرسوں

Majoneza

مینونیز

Supermarket

سُپرمارکیٹ

Posebna ponudba
خصوصی پیشکش
FOR
Stranka
گاہک
Mlečni izdelki
ڈیری
Sadje
پھل
Nakupovalni voziček
ٹرالی

BUTCHERS

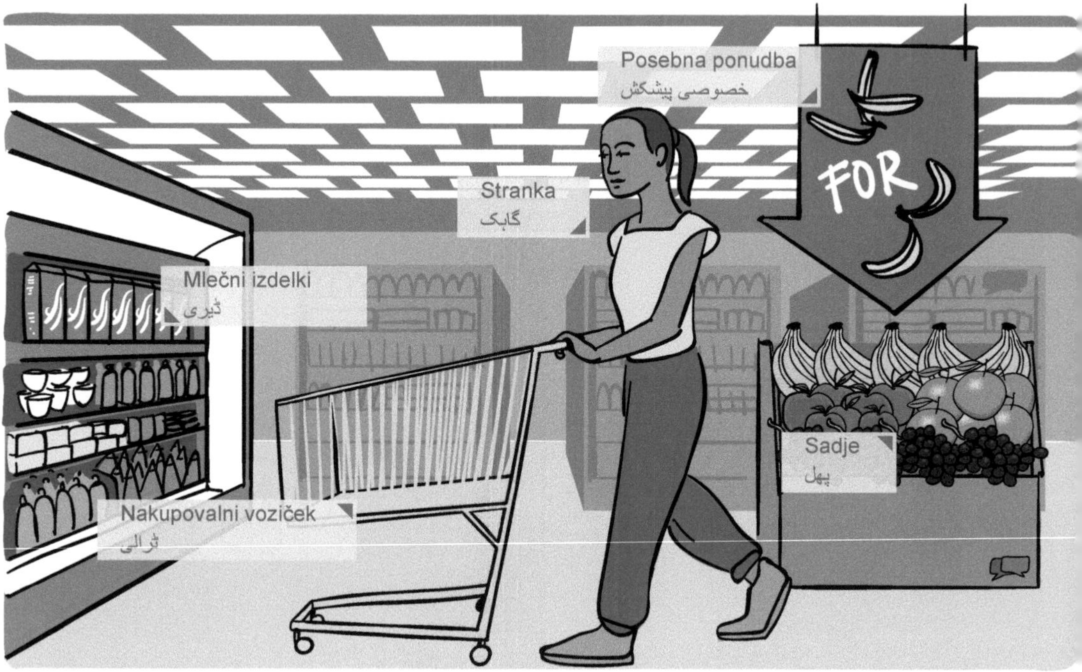

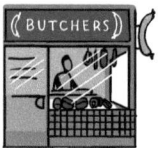

Mesnica
گوشت کی دُکان

BAKERY

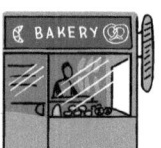

Pekarna
بیکری

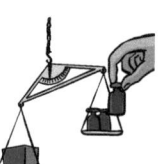

Tehtati
وزن کرنا

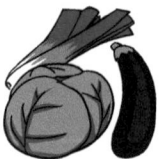

Zelenjava
سبزیاں

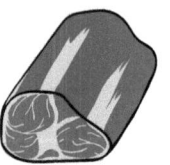

Meso
گوشت

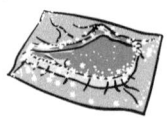

Zamrznjena hrana
جما ہوا کھانا

Hladne mesnine

کولڈ کٹس

Konzerve

ڈبے میں بند کھانا

Pralni prašek

واشنگ پاؤڈر

Sladkarije

مٹھائیاں

Gospodinjski izdelki

گھریلو مصنوعات

Čistilno sredstvo

صاف کرنے کیلنے مصنوعات

Prodajalka

سیلزپرسن

Blagajna

کیش رجسٹر

Blagajnik

کیشئیر

Nakupovalni seznam

خریداری کی فہرست

Delovni čas

اوقات کار

Denarnica

بٹوہ

Kreditna kartica

کریڈٹ کارڈ

Torba

تھیلا

Plastična vrečka

پلاسٹک کے تھیلے

Voda

پانی

Sok

جوس، رس

Mleko

دودھ

Kola

کوک

Vino

وائن

Pivo

بیئر

Alkohol

الکوحل

Kakav

کوکوآ

Čaj

چائے

Kava

کافی

Espresso

ایسپریسو

Kapučino

کیپاچینو

Banana

کیلا

Jabolko

سیب

Pomaranča

مالٹا

Lubenica

خربوزہ

Limona

لیموں

Korenje

گاجر

Česen

لہسن

Bambus

بانس

Čebula

پیاز

Goba

کھُمبی

Oreščki

اخروٹ، بادام وغیرہ

Rezanci

نوڈلز

Špageti

اسپیگیٹی

Riž

چاول

Solata

سلاد

Ocvrt krompirček

چپس

Pečen krompir

تلے گئے آلو

Pica

پیزا

Hamburger

ہیم برگر

Sendvič

سینڈوچ

Zrezek

کٹلیٹ

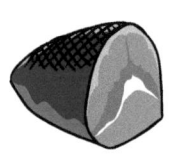

Šunka

سؤرکی ران کا گوشت

Salama

گوشت کی اطالوی ساسیج

Klobasa

ساسیج

Piščanec

مُرغی

Pečenka

روسٹ

Riba

مچھلی

Ovseni kosmiči

جئی کا دلیہ

Musli

میوزلی

Koruzni kosmiči

کارن فلیکس

Moka

آٹا

Rogljiček

کرونئسنٹ

Žemlja

بریڈ رول

Kruh

بریڈ

Prepečenec

ٹوسٹ

Piškoti

بسکٹ

Maslo

مکھن

Skuta

دہی

Torta

کیک

Jajce

انڈا

Pečeno jajce na oko

فرائی کیا گیا انڈہ

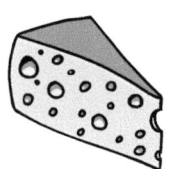

Sir

پنیر

Sladoled

آئس کریم

Sladkor

چینی

Med

شہد

Marmelada

جام

Čokoladni namaz

ناؤگٹ کریم

Kari

سالن

Kmetija

کھیت

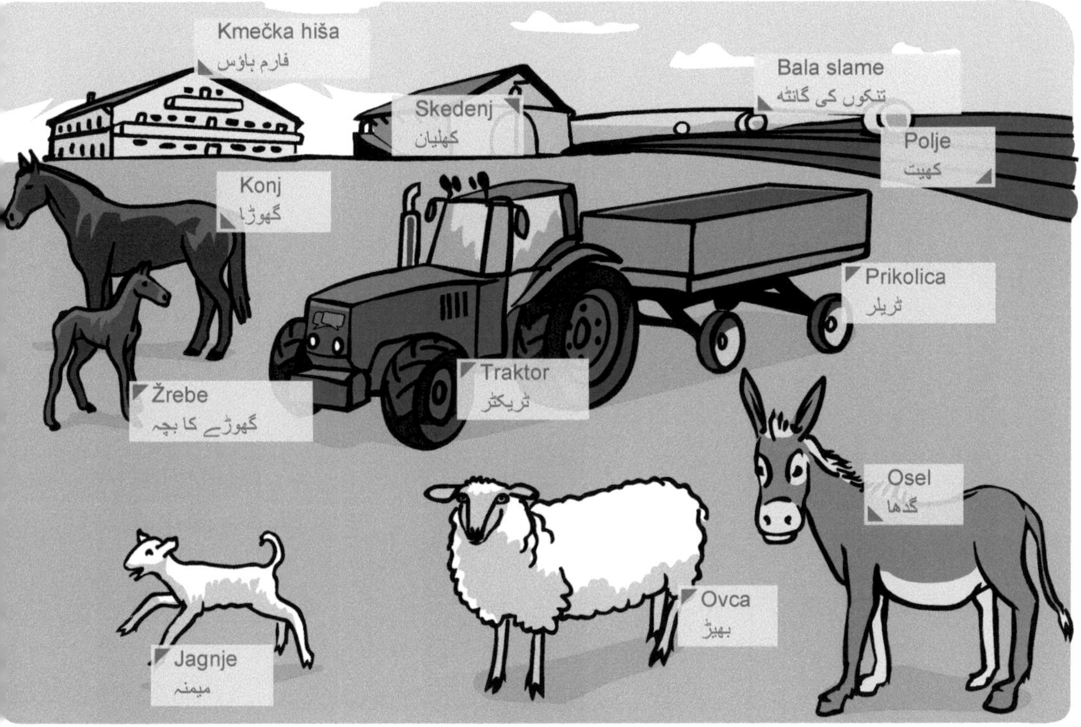
Kmečka hiša
فارم ہاؤس
Bala slame
تنکوں کی گانٹھ
Skedenj
کھلیان
Polje
کھیت
Konj
گھوڑا
Prikolica
ٹریلر
Traktor
ٹریکٹر
Žrebe
گھوڑے کا بچہ
Osel
گدھا
Ovca
بھیڑ
Jagnje
میمنہ

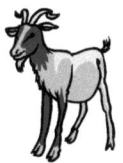

Koza

بکری

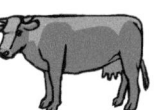

Krava

گائے

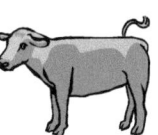

Tele

بچھڑا

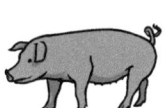

Prašič

سؤر

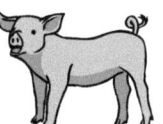

Pujsek

سؤر کا بچہ

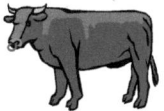

Bik

سانڈ

Gos

راج ہنس

Raca

خطب

Piščanec

چوزہ

Kokoš

مُرغی

Petelin

مُرغا

Podgana

چوہا

Mačka

بلی

Miš

چوہا

Vol

بیلچہ

Pes

گتا

Pasja uta

گتے کا گھر

Cev za zalivanje

گارڈن ہوز

Kangla za zalivanje

پانی کا کین

Kosa

درانتی

Plug

ہل

Srp

درانتی

Motika

بیلچہ

Vile

ترنگل

Sekira

کلہاڑا

Samokolnica

ہتھ گاڑی

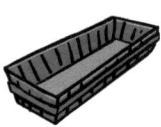

Korito

حوض

Kangla za mleko

دودھ کا کین

Vreča

تھیلا

Ograja

باڑ

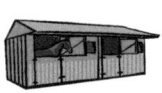

Hlev

اصطبل

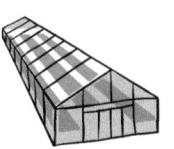

Rastlinjak

گرین ہاؤس

Prst

مٹی

Seme

بیج

Gnojilo

فرٹیلائیزر

Kombajn

کمبائن ہارویسٹر

Žeti

فصل کاٹنا

Žetev

فصل کاٹنا

Jam

افریقی آلو

Pšenica

گندم

Soja

سویا

Krompir

آلو

Koruza

مکئی

Oljna ogrščica

توریا کا تیل

Sadno drevo

پھلداردرخت

Maniok

کساوا

Žito

دلیہ

Hiša
مکان

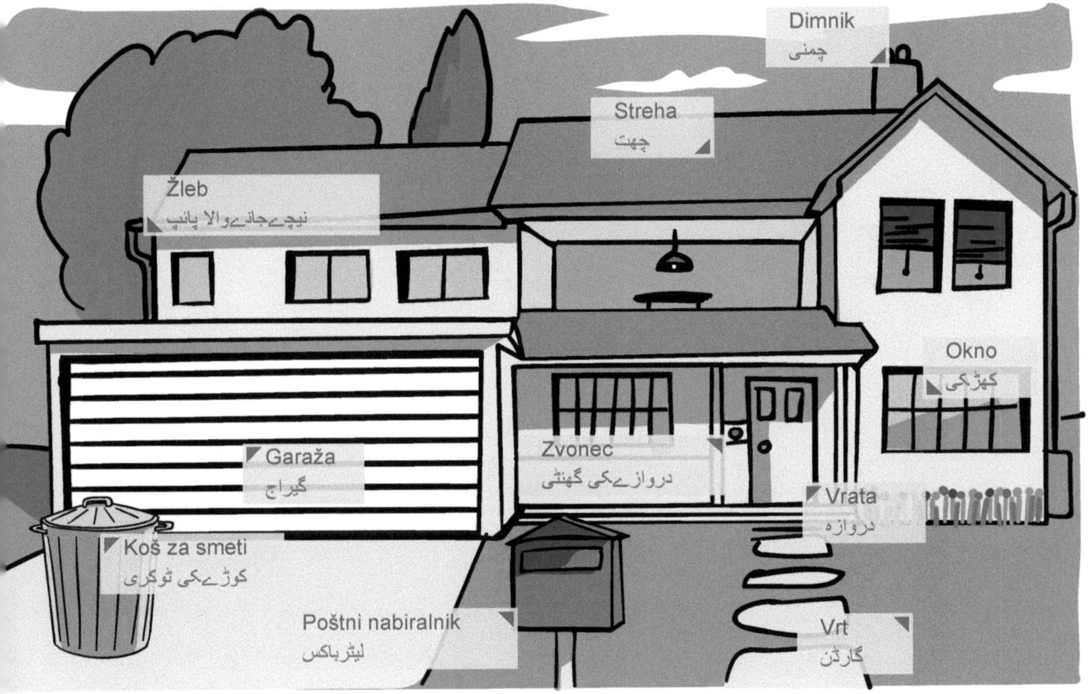
Dimnik
چمنی
Streha
چھت
Žleb
نیچے جانے والا پائپ
Okno
کھڑکی
Garaža
گیراج
Zvonec
دروازے کی گھنٹی
Vrata
دروازہ
Koš za smeti
کوڑے کی ٹوکری
Poštni nabiralnik
لیٹرباکس
Vrt
گارڈن

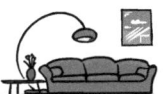

Dnevna soba

لوونگ روم

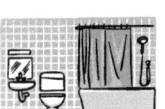

Kopalnica

غُسل خانہ

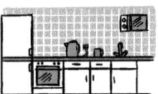

Kuhinja

باورچی خانہ

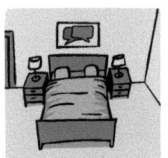

Spalnica

بیڈروم

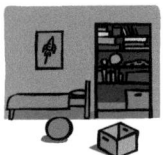

Otroška soba

بچوں کا کمرہ

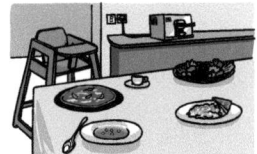

Jedilnica

کھانے کا کمرہ

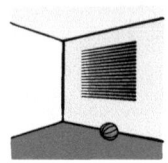

Tla

فرش

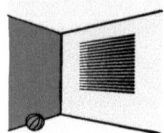

Stena

دیوار

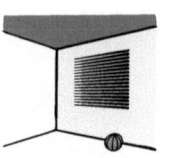

Strop

چھت

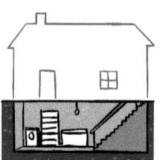

Klet

تہ خانہ

Savna

سوانا

Balkon

بالکونی

Terasa

ٹیریس

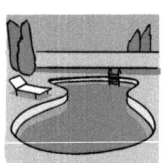

Bazen

پول

Kosilnica

گھاس کاٹنے کی مشین

Rjuha

چادر

Posteljno pregrinjalo

چادر

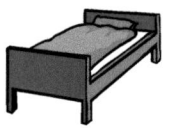

Postelja

بستر

Metla

جھاڑو

Vedro

بالٹی

Stikalo

سوئچ

Dnevna soba

لوونگ روم

Tapeta
وال پیپر
Slika
تصویر
Svetilka
لیمپ
Polica
شیلف
Omara
الماری
Televizor
ٹیلی ویژن
Kamin
آتش دان
Cvetlica
پھول
Blazina
کُشن
Zofa
صوفہ
Vaza
گلدان
Daljinski upravljalnik
ریموٹ کنٹرول

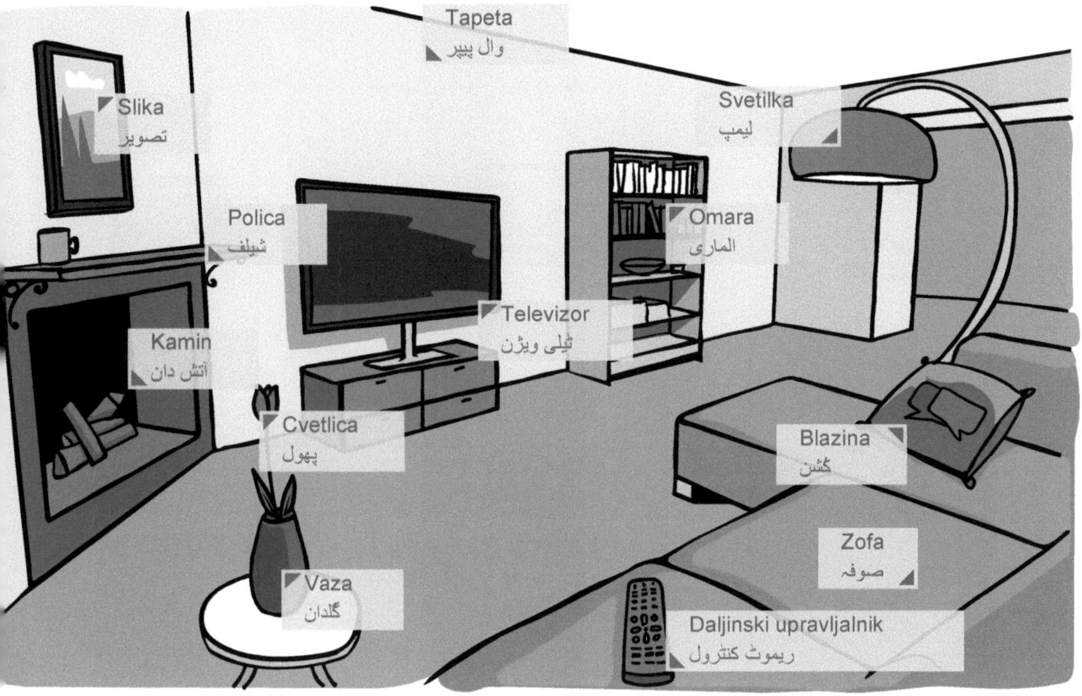

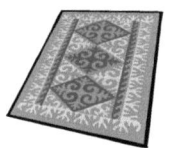

Preproga
قالین

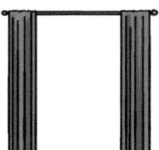

Zavesa
پردے

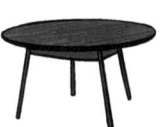

Miza
میز

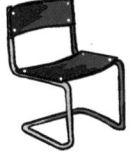

Stol
کُرسی

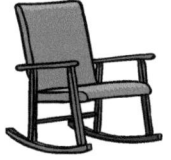

Gugalnik
ہلنے والی کُرسی

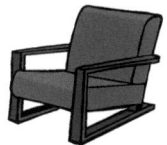

Naslanjač
آرام کُرسی

Knjiga

کتاب

Odeja

کمبل

Dekoracija

آرائش

Drva

جلانے کی لکڑی

Film

فلم

Glasbeni stolp

گانی گانی

Ključ

چابی

Časopis

اخبار

Slika

پینٹگ

Plakat

پوسٹر

Radio

ریڈیو

Beležka

نوٹ بُک

Sesalnik

ویکیوم کلینر

Kaktus

کیکٹس

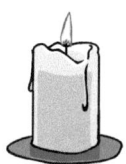

Sveča

موم بتی

Kuhinja

باورچی خانہ

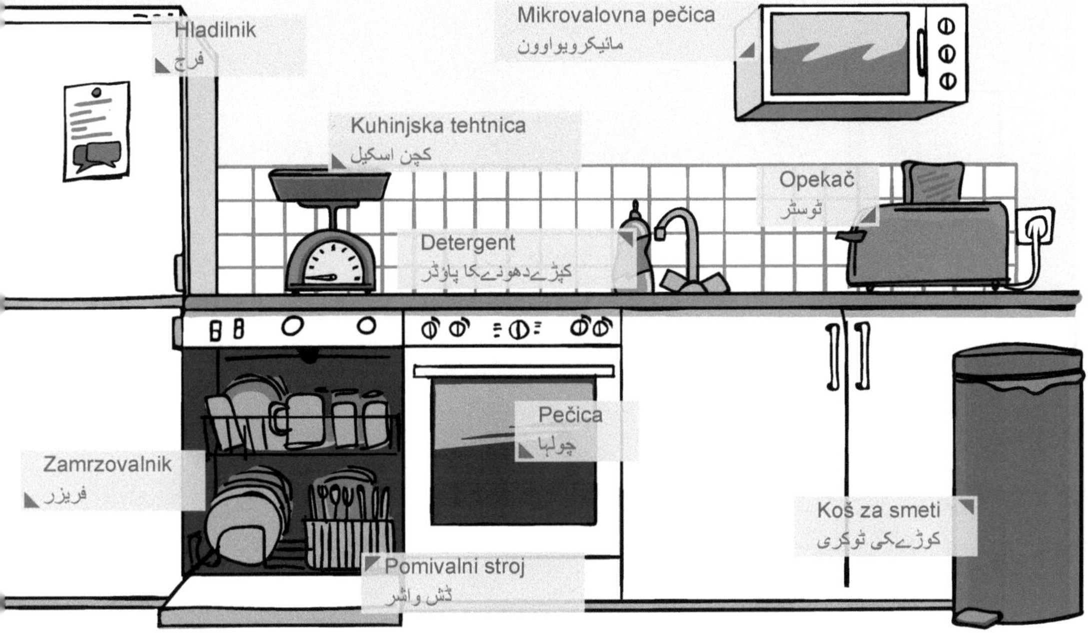

Hladilnik
فرج
Mikrovalovna pečica
مائیکرویواوون
Kuhinjska tehtnica
کچن اسکیل
Opekač
ٹوسٹر
Detergent
کپڑےدھونےکا پاؤڈر
Pečica
چولہا
Zamrzovalnik
فریزر
Koš za smeti
کوڑےکی ٹوکری
Pomivalni stroj
ڈش واشر

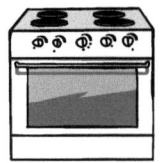

Kozica

ڈکر

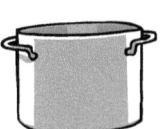

Lonec

برتن

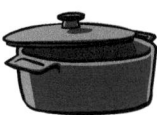

Litoželezni lonec

لوہےکا برتن

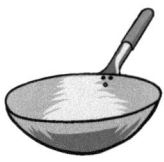

Vok / kadai

کڑاہی

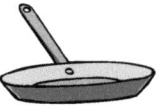

Ponev

برتن

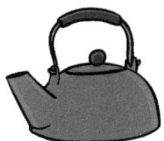

Kotliček

کیتلی

Parni kuhalnik

اسٹیمر

Pekač

بیکنگ ٹرے

Posoda

کراکری

Skodelica

مگ

Skleda

پیالہ

Jedilne paličice

چاپ اسٹکس

Zajemalka

ڈوئی

Lopatica

کفچہ

Metlica

جھاڑودینا

Cedilnik

مقطر

Cedilo

چھلنی

Strgalo

گریٹر

Možnar

کونڈی

Žar

باربی کیو

Ognjišče

کھُلی آگ

Deska za rezanje

چاپنگ بورڈ

Valjar

بیلن

Odpirač za steklenice

کارک اسکریو

Pločevinka

کین

Odpirač za konzerve

کین اوپنر

Prijemalka za posodo

برتن پکڑنےوالا کپڑا

Korito

سنک

Ščetka

برش

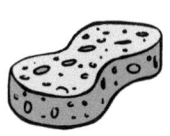

Goba

اسپونج

Mešalnik

بلینڈر

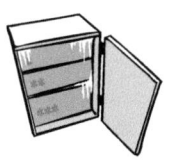

Zamrzovalna skrinja

ڈیپ فریز

Steklenička

بچےکی بوتل

Pipa

ٹونٹی

Kopalnica
غُسل خانہ

Ogrevanje
ہیٹنگ
Prha
شاور
Brisača
تولیہ
Zavesa za prho
شاورکرٹن
Peneča kopel
ببل باتھ
Kopalna kad
باتھ ٹب
Kozarec
شیشہ
Pralni stroj
واشنگ مشین
Pipa
ٹونٹی
Ploščice
ٹائلیں
Kahlica
پاٹی
Korito
سنک

Stranišče
ٹائلٹ

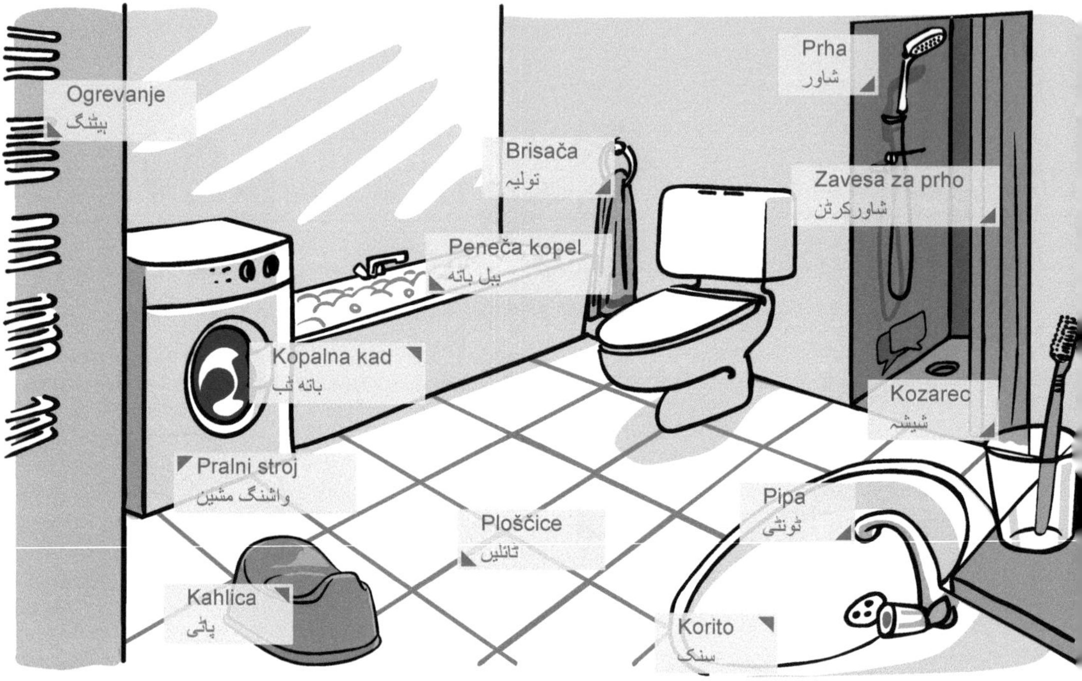

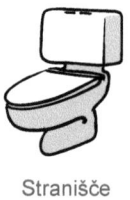

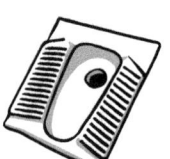

Stranišče na počep
دوزانوں بیٹھنےوالی ٹائلٹ

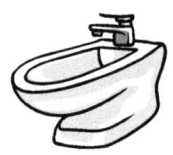

Bide
نچلاحصہ دھونےکیلئےپاٹ

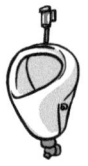

Pisoar
پیشاب گاہ

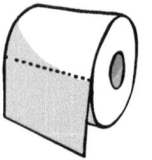

Toaletni papir
ٹائلٹ پیپر

Ščetka za straniščno školjko
ٹائلٹ برش

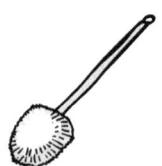

Zobna ščetka

ټوته برش

Zobna pasta

ټوته پیسټ

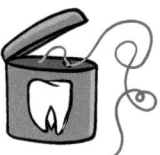

Zobna nitka

ډینټل فلاس

Umiti se

دھونا

Ročna prha

ھینډ شاور

Prha za intimne dele

شاور

Umivalnik

بیسن

Krtača za hrbet

بیک برش

Milo

صابین

Gel za prhanje

شاورجل

Šampon

ښیمپو

Krpica za miljenje

فلالین

Odtok

ډرین

Krema

کریم

Deodorant

ډیوډورنټ

Ogledalo

آئینہ

Ročno ogledalo

ہاتھ میں پکڑا جانےوالا آئینہ

Britvica

ریزر

Pena za britje

شیونگ فوم

Vodica po britju

آفٹرشیو

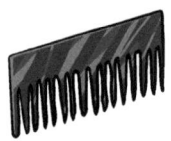

Glavnik

کنگھی

Ščetka

برش

Sušilnik za lase

ہیئرڈرائر

Lak za lase

ہیئراسپرے

Ličila

میک اپ

Šminka

لپ اسٹک

Lak za nohte

نیل وارنش

Vatirane blazinice

روئی

Škarjice za nohte

ناخن کاٹنےکی قینچی

Parfum

پرفیوم

Toaletna torbica

واش بیگ

Stol brez naslonjala

پاخانہ

Osebna tehtnica

وزن کرنےکی مشین

Kopalni plašč

باتھ روب

Gumijaste rokavice

ربڑ کے دستانے

Tampon

ٹیمپون

Damski vložki

سینیٹری ٹاول

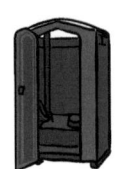

Kemično stranišče

کیمیکل ٹائلٹ

Otroška soba

بچوں کا کمرہ

Budilka
الارم کلاک
Plišasta igrača
کڈلی ٹوائے
Avtomobilček
کھلونا کار
Ropotuljica
جُھنجھنا
Hiška za punčke
گڑیا گھر
Darilo
موجود

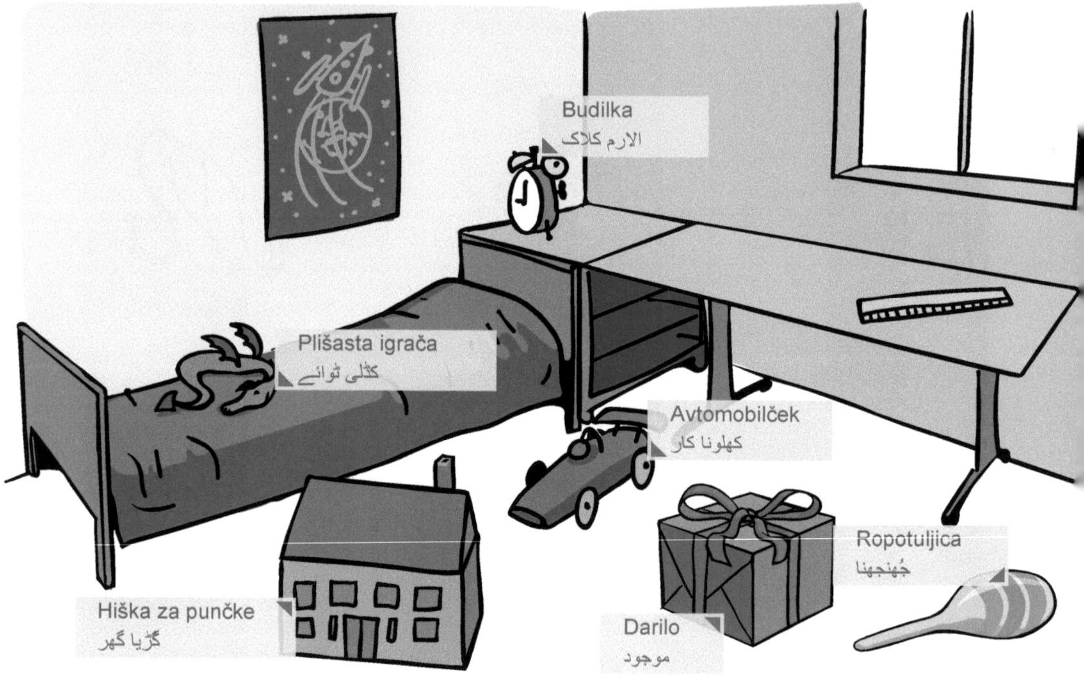

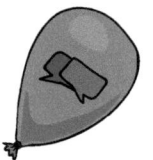

Balon

غبارہ

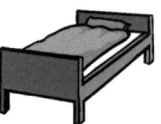

Postelja

بستر

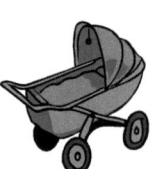

Otroški voziček

پرام

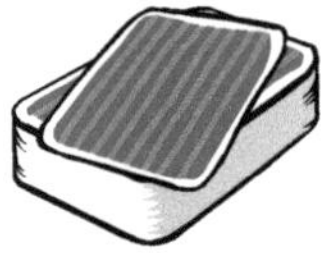

Igralne karte

ڈیک آف کارڈز

Sestavljanka

جگسا

SUPER
MEGA

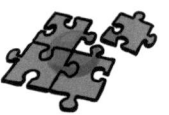

Strip

کامک

Lego kocke

لیگوبریکس

Igralne kocke

کھلونا بلاکس

Akcijska figura

ایکشن فگر

Bodi

بچےکا لباس

Frizbi

فرسبی

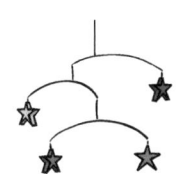

Vrtiljak za posteljico

کھلونا موبائل

Namizna igra

بورڈ گیم

Kocka

ڈائس

Komplet modelov vlakov

ماڈل ٹرین سیٹ

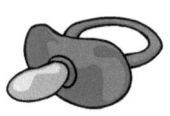

Duda

ڈمی

Zabava

پارٹی

Slikanica

تصاویروالی کتاب

Žoga

گیند

Lutka

گڑیا

Igrati se

کھیلنا

Peskovnik

سینڈ پٹ

Gugalnica

جھولا جھولنا

Igrače

کھلونے

Igralna konzola

وڈیوگیم کنسول

Tricikel

تین پہیوں والی سائیکل

Plišasti medvedek

ٹیڈی بیئر

Garderoba

کپڑوں کی الماری

Oblačilo

لباس

Nogavice

موزے

Samostoječe nogavice

اسٹاکنگز

Hlačne nogavice

ٹائٹس

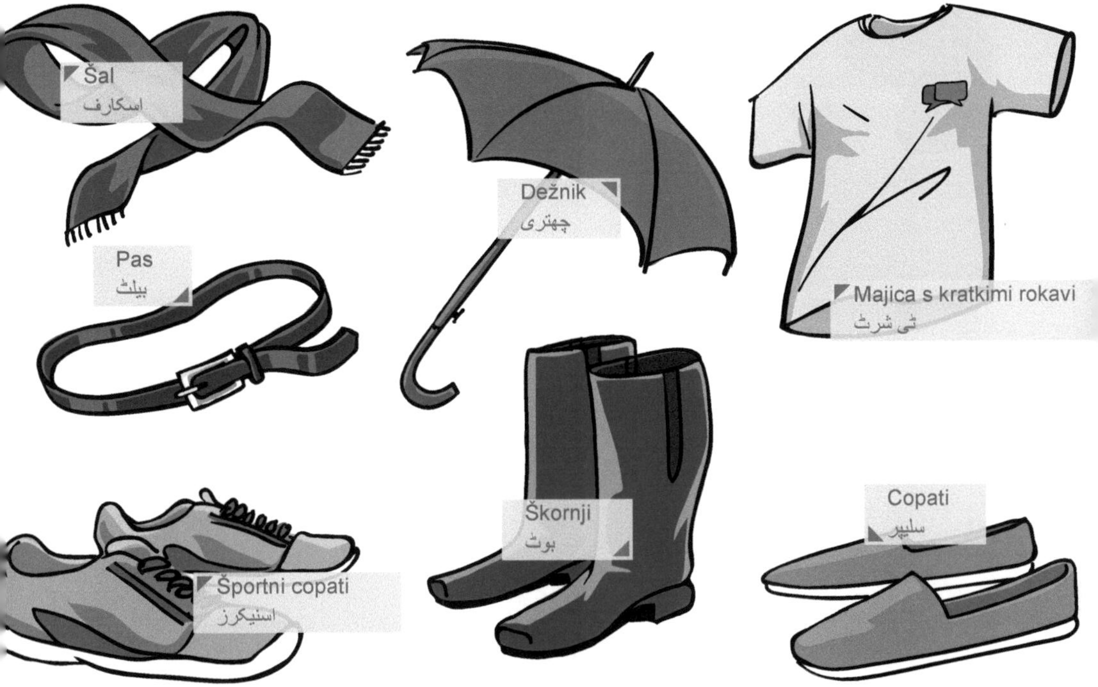

Šal
اسکارف

Dežnik
چھتری

Majica s kratkimi rokavi
ٹی شرٹ

Pas
بیلٹ

Škornji
بوٹ

Copati
سلیپر

Športni copati
اسنیکرز

Sandali

سینڈل

Čevlji

جوتے

Gumijasti škornji

ربڑ کے بوٹس

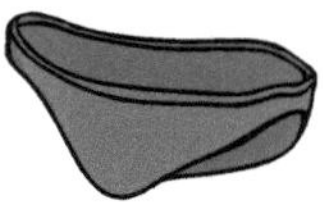

Spodnje hlače

زیرجامہ

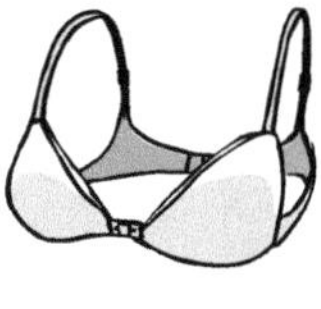

Modrček

بریزئیر

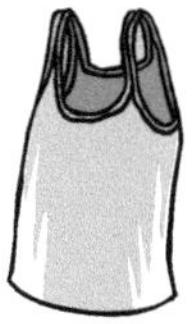

Telovnik

واسکٹ

Bodi

جسم

Hlače

پتلون

Kavbojke

جینز

Krilo

اسکرٹ

Bluza

بلاؤز

Srajca

قمیض

Pulover

پُل اوور

Pletena jopica

سویٹر

Jopa

بلیزر

Jakna

جیکٹ

Plašč

کوٹ

Dežni plašč

رین کوٹ

Kostim

کوئی خاص لباس

Obleka

لباس

Poročna obleka

شادی کا لباس

Obleka

سوٹ

Spalna srajca

نائٹ گاؤن

Pižama

پائجامہ

Sari

ساڑھی

Naglavna ruta

سرپرلیا جانےوالا اسکارف

Turban

پگڑی

Burka

بُرقع

Kaftan

کفتان

Abaja

عبایہ

Kopalke

تیراکی کا سوٹ

Kopalne hlače

ٹرنک

Kratke hlače

نیکر

Trenirka

ٹریک سوٹ

Predpasnik

ایپرن

Rokavice

دستانے

Gumb

بٹن

Očala

عینک

Zapestnica

کنگن

Verižica

ہار

Prstan

انگوٹھی

Uhan

کانوں کی بالیاں

Kapa

ٹوپی

Obešalnik

کوٹ ہینگر

Klobuk

ہیٹ

Kravata

ٹائی

Zadrga

زپ

Čelada

ہیلمٹ

Naramnice

بریسز

Šolska uniforma

سکول یونیفارم

Uniforma

وردی

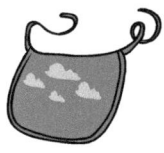

Slinček

بب

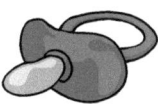

Duda

ڈمی

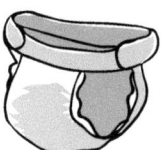

Plenica

نیپی

Pisarna

دفتر

Strežnik
سرور
Kartotečna omara
فائلوں کی الماری
Tiskalnik
پرنٹر
Papir
کاغذ
Monitor
مانیٹر
Miška
ماؤس
Pisalna miza
میز
Mapa
فولڈر
Tipkovnica
کی بورڈ
Stol
کُرسی
Koš za smeti
ویسٹ پیپرباسکٹ
Računalnik
کمپیوٹر

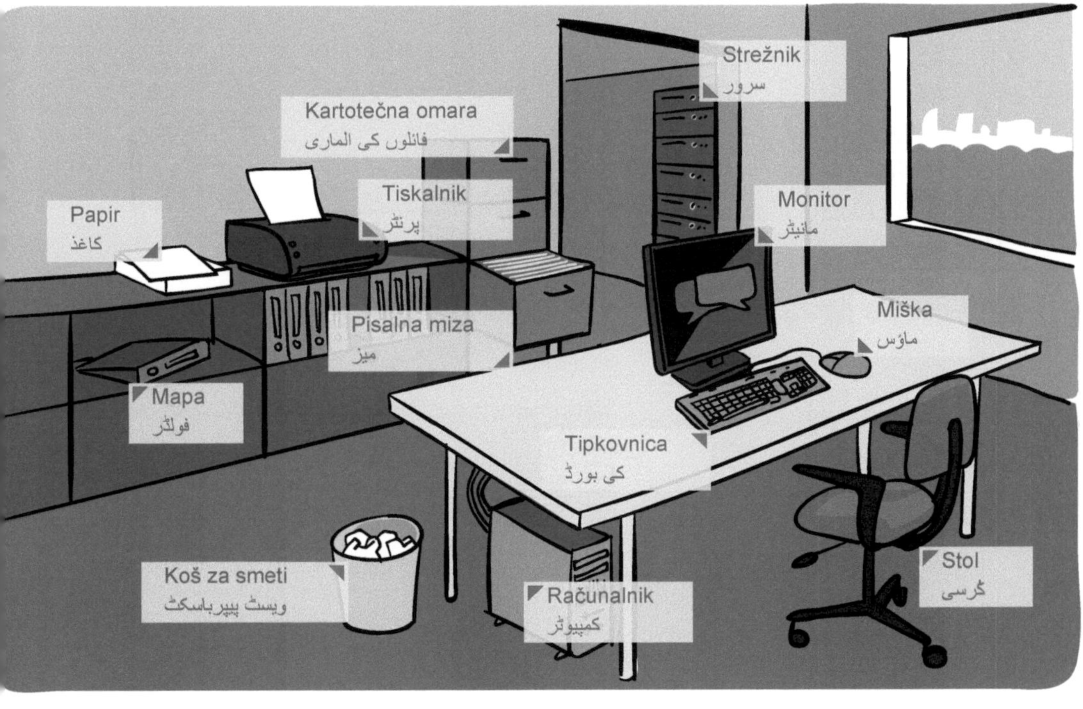

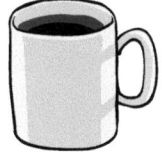

Lonček za kavo

کافی مگ

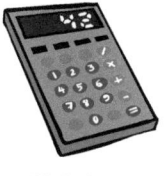

Kalkulator

کیلکولیٹر

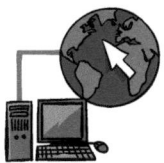

Internet

انٹرنیٹ

Prenosnik

لیپ ٹاپ

Pismo

خط

Sporočilo

پیغام

Mobilnik

موبائل

Omrežje

نیٹ ورک

Kopirni stroj

فوٹوکاپئیر

Programska oprema

سافٹ ویئر

Telefon

ٹیلی فون

Vtičnica

پلگ ساکٹ

Telefaks

فیکس مشین

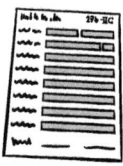

Obrazec

فارم

Dokument

دستاویز

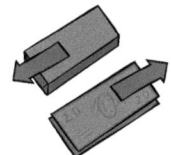

Kupiti

خریدنا

Plačati

ادائیگی کرنا

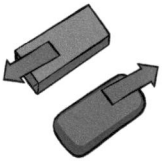

Trgovati

تجارت کرنا

Denar

رقم

Dolar

ڈالر

Evro

یورو

Jen

ین

Rubelj

روبل

Švičarski frank

سوئس فرانک

Kitajski juan renminbi

رینمینبی یوآن

Rupija

روپیہ

Bankomat

کیش پوائنٹ

Menjalnica

رقم تبدیل کرانےکیلئےدفتر

Zlato

سونا

Srebro

چاندی

Nafta

خام تیل

Energija

توانائی

Cena

قیمت

Pogodba

معاہدہ

Davek

ٹیکس

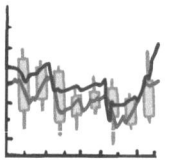

Delnice

اسٹاک

Delati

کام کرنا

Delojemalec

ملازم

Delodajalec

آجر

Tovarna

فیکٹری

Trgovina

دکان

Poklici

پیشے

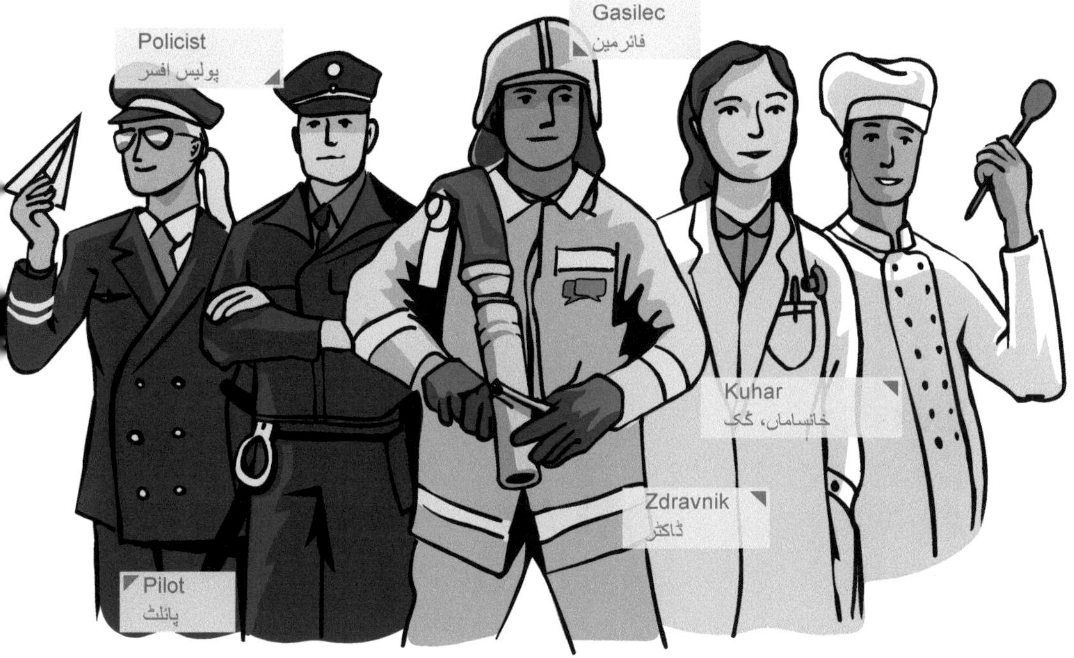
Policist
پولیس افسر
Gasilec
فائرمین
Kuhar
خانساماں، کُک
Zdravnik
ڈاکٹر
Pilot
پائلٹ

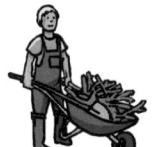

Vrtnar

مالی

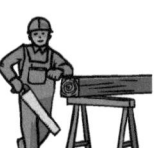

Mizar

ترکھان

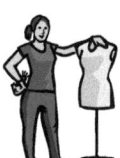

Šivilja

درزن

Sodnik

جج

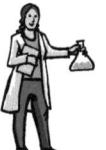

Kemik

کیمسٹ

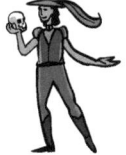

Igralec

اداکار

Voznik avtobusa

بس ڈرائیور

Taksist

ٹیکسی ڈرائیور

Ribič

مچھیرا

Čistilka

صفائی کرنےوالی عورت

Krovec

چھت بنانےوالا

Natakar

ویٹر

Lovec

شکاری

Pleskar

پینٹر

Pek

بیکر

Električar

الیکٹریشین

Gradbenik

بلڈر

Inženir

انجینیر

Mesar

قصائی

Vodovodni inštalater

پلمبر

Poštar

ڈاکیا

Vojak

سپاہی

Arhitekt

آرکیٹیکٹ

Blagajnik

کیشئیر

Cvetličar

پھول بیچنےوالا

Frizer

نائی

Sprevodnik

کنڈکٹر

Mehanik

مکینک

Kapitan

کپتان

Zobozdravnik

ڈینٹسٹ

Znanstvenik

سائنسدان

Rabin

یہودی عالم

Imam

امام

Menih

راہب

Duhovnik

پادری

Poklici - پیشے

Orodje
اوزار

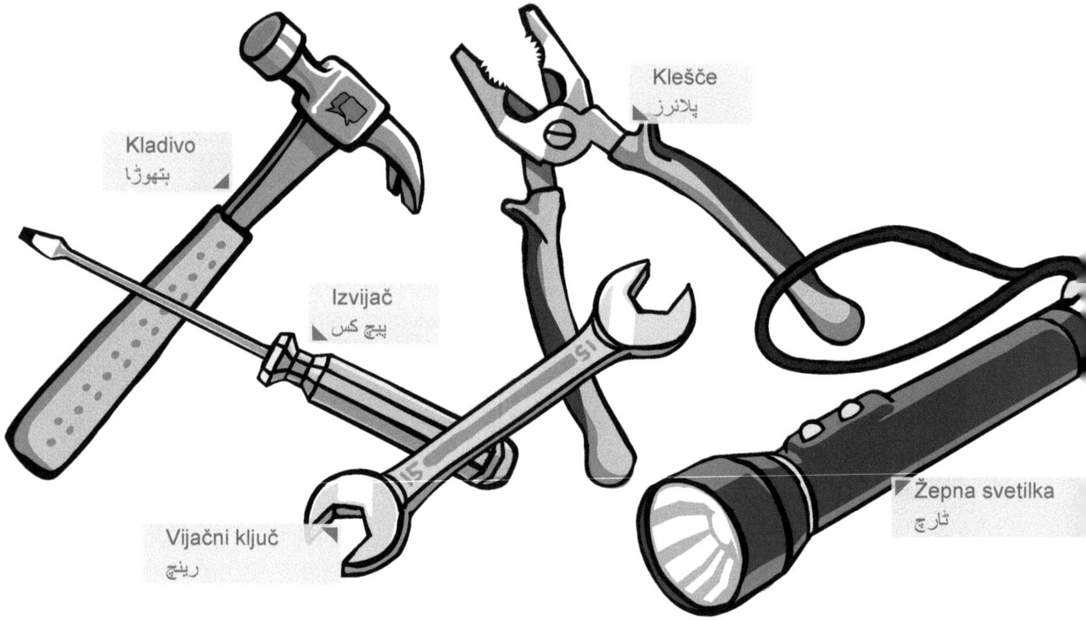
Klešče
پلائرز
Kladivo
ہتھوڑا
Izvijač
پیچ کس
Žepna svetilka
ٹارچ
Vijačni ključ
رینچ

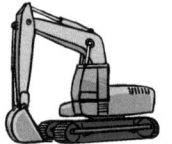

Bager

ایکسکویٹر

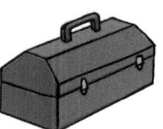

Zaboj z orodjem

ٹول باکس

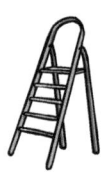

Lestev

سیڑھی

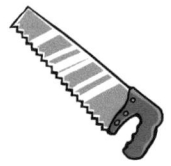

Žaga

آری

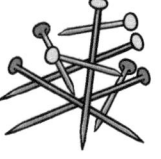

Žeblji

کیل

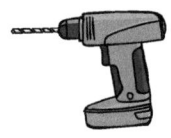

Vrtalnik

ڈرل

Popraviti

مرمت کرنا

Lopata

بیلچہ

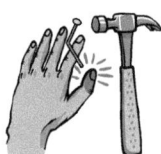

Šment!

لعنت ہو!

Smetišnica

ٹسٹ پین

Posoda z barvo

پینٹ پاٹ

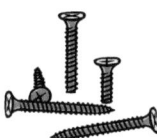

Vijaki

پیچ

Glasbeni instrument

آلات موسیقی

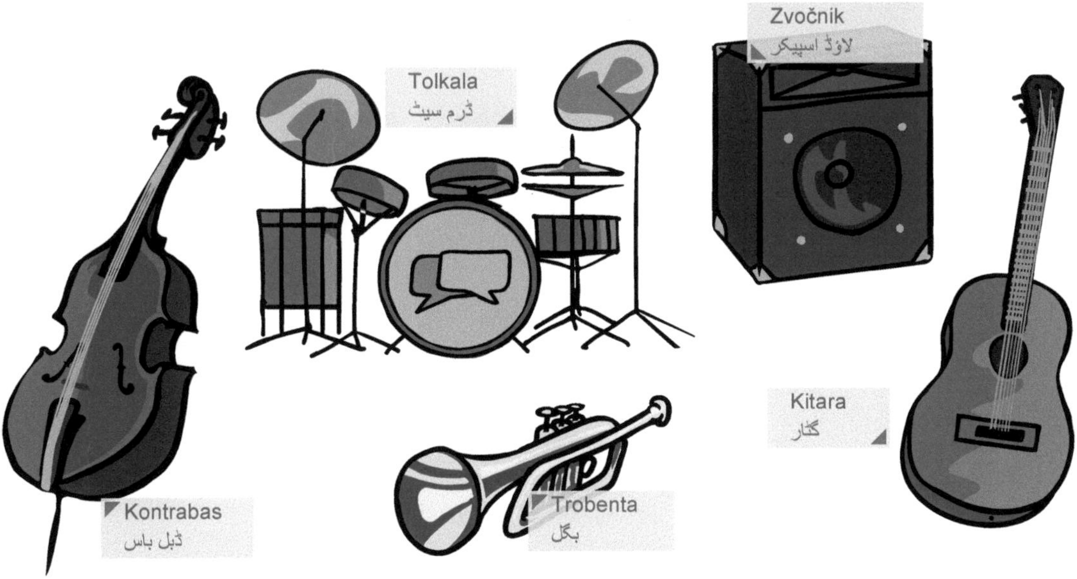

Zvočnik
لاؤڈ اسپیکر

Tolkala
ڈرم سیٹ

Kitara
گٹار

Kontrabas
ڈبل باس

Trobenta
بگل

Klavir

پیانو

Violina

وائلن

Bas kitara

موسیقی کی آواز

Pavke

ٹمپانی

Bobni

ڈھول، ڈرمز

Sintetizator

کی بورڈ

Saksofon

سیکسوفون

Flavta

بانسری

Mikrofon

مائیکروفون

Živalski vrt
چڑیا گھر

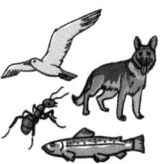

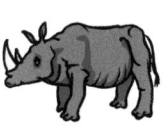

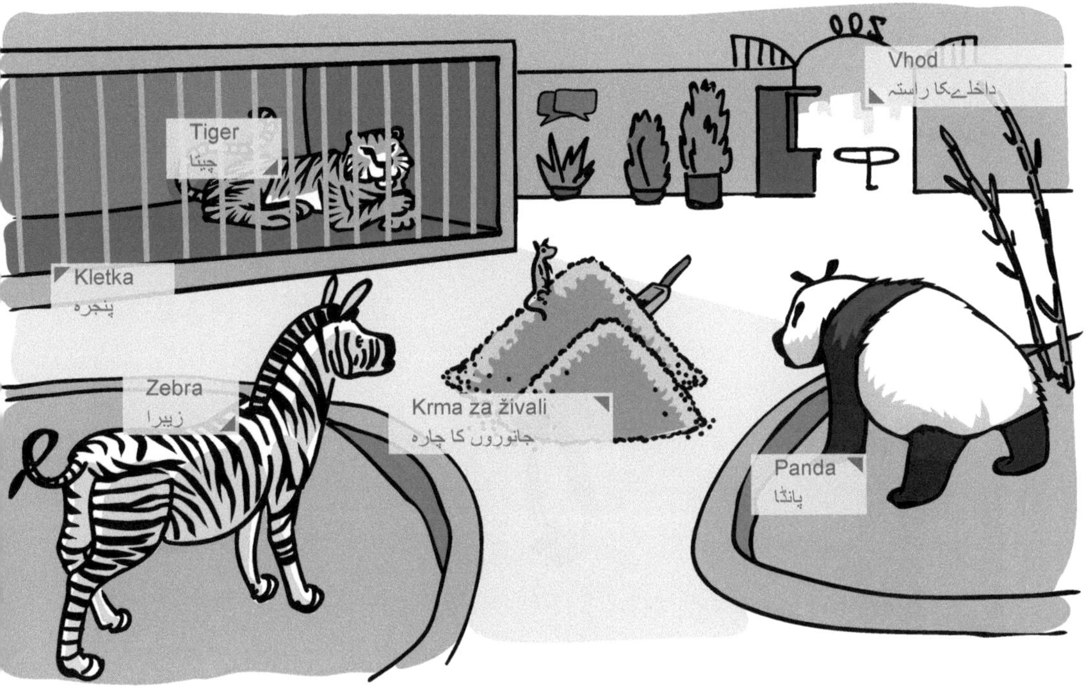
Vhod
داخلے کا راستہ
Tiger
چیتا
Kletka
پنجرہ
Zebra
زیبرا
Krma za živali
جانوروں کا چارہ
Panda
پانڈا

Živali
جانور

Slon
ہاتھی

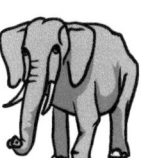

Kenguru
کینگرو

Nosorog
گینڈا

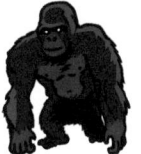

Gorila
گوریلا

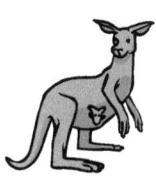

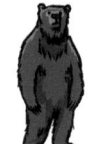

Medved
ریچھ

Kamela

اونٹ

Noj

شُترمُرغ

Lev

شیر

Opica

بندر

Plamenec

فلیمنگو

Papagaj

طوطا

Severni medved

قطبی ریچھ

Pingvin

کبوتر

Morski pes

شارک

Pav

مور

Kača

سانپ

Krokodil

مگرمچھ

Oskrbnik v živalskem vrtu

چڑیا گھر کا محافظ

Tjulenj

سیل

Jaguar

امریکی تیندوا

Poni

ٹٹو

Leopard

چیتا

Povodni konj

دریائی گھوڑا

Žirafa

زرافہ

Orel

عقاب

Divji prašič

سؤر

Riba

مچھلی

Želva

کچھوا

Mrož

سمندری گھوڑا

Lisica

لومڑی

Gazela

غزال برن

Ameriški nogomet
امریکن فٹ بال

Kolesarjenje
سائیکلنگ

Tenis
ٹینس

Košarka
باسکٹ بال

Plavanje
پیراکی

Boks
باکسنگ

Hokej
آئس ہاکی

Nogomet
فٹ بال

Badminton
بیڈمنٹن

Atletika
اتھلیٹکس

Rokomet
بینڈ بال

Smučanje
اسکیننگ

Polo
پولو

Skočiti
چھلانگ لگانا

Smejati se
ہنسنا

Objeti
گلے لگانا

Hoditi
چلنا

Peti
گانا

Moliti
دُعا کرنا

Poljubiti
چُومنا

Sanjati
خواب دیکھنا

Pisati

لکھنا

Risati

تصویرکشی کرنا

Pokazati

دکھانا

Potisniti

آگے کی طرف دھکیلنا

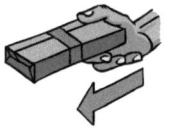

Dati

دینا

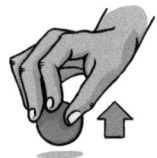

Vzeti

لینا

Imeti

رکھنا

Narediti

کرنا

Biti

ہونا

Stati

کھڑا ہونا

Teči

دوڑنا

Vleči

کھینچنا

Vreči

پھینکنا

Pasti

گرنا

Ležati

جھوٹ بولنا

Čakati

انتظار کرنا

Nositi

اٹھانا

Sedeti

بیٹھنا

Obleči se

ملبوس ہونا

Spati

سونا

Zbuditi se

جاگنا

Gledati

دیکھنا

Jokati

رونا

Božati

چوٹ لگانا

Česati se

کنگھی کرنا

Govoriti

بات کرنا

Razumeti

سمجھنا

Vprašati

پوچھنا

Poslušati

مُتوجہ ہونا

Piti

پینا

Jesti

کھانا

Pospraviti

صاف کرنا

Ljubiti

پیارکرنا

Kuhati

پکانا

Voziti

گاڑی چلانا

Leteti

اڑنا

Jadrati

بحری سفرکرنا

Računanje

شمارکریں

Brati

پڑھنا

Učiti se

سیکھنا

Delati

کام کرنا

Poročiti se

شادی کرنا

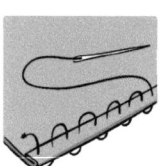

Šivati

سینا

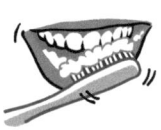

Ščetkati si zobe

دانت صاف کرنا

Ubiti

جان سےماردینا

Kaditi

تمباکونوشی کرنا

Poslati

بھیجنا

Družina

خاندان

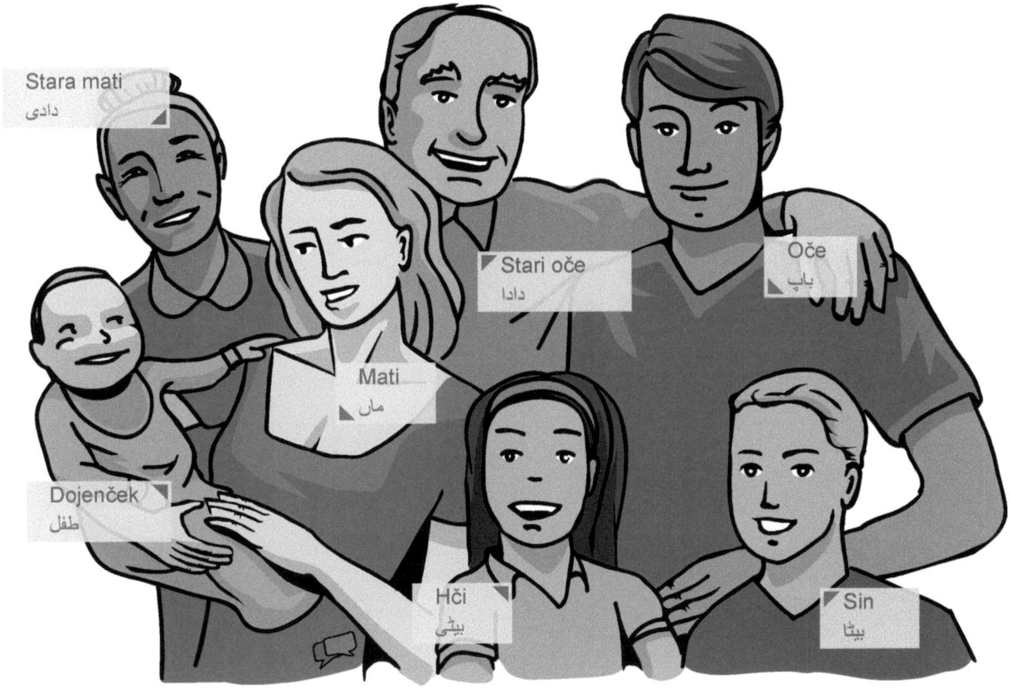

Stara mati
دادی
Stari oče
دادا
Oče
باپ
Mati
ماں
Dojenček
طفل
Hči
بیٹی
Sin
بیٹا

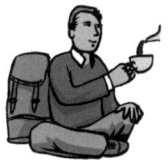

Gost
مہمان

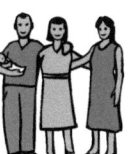

Teta
چچی

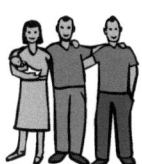

Stric
چچا

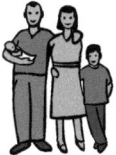

Brat
بھائی

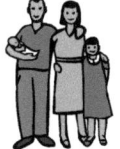

Sestra
بہن

Telo

جسم

Čelo
ماتھا
Oko
آنکھ
Rama
کندھا
Prst
انگلی
Obraz
چہرہ
Brada
ٹھوڑی
Dlan
ہاتھ
Prsi
چھاتی
Noga
ٹانگ
Roka
بازو

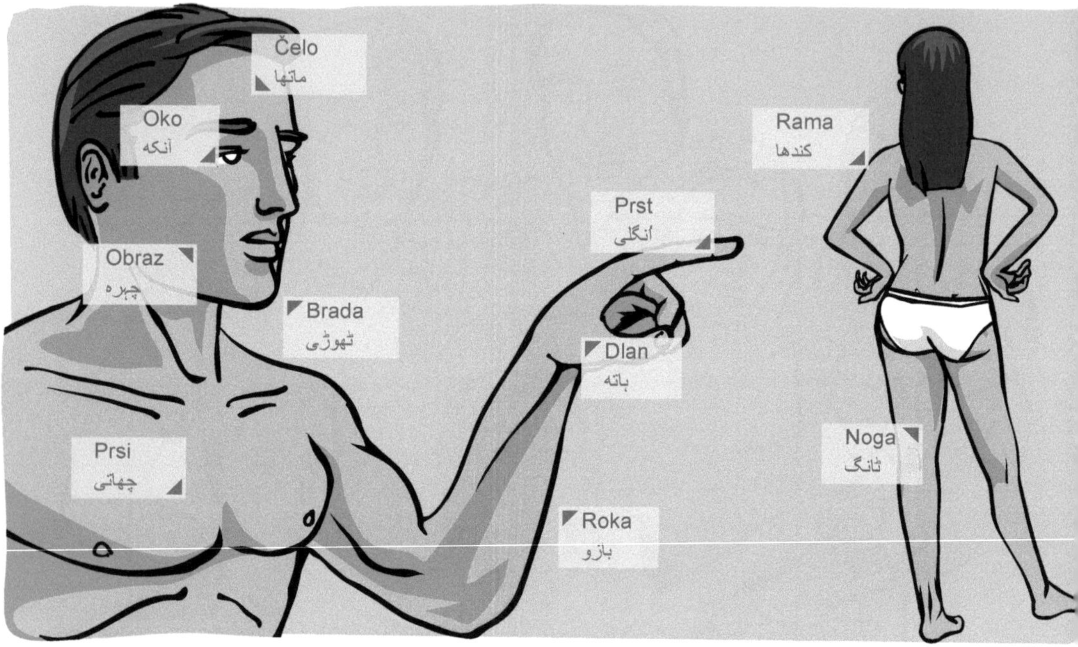

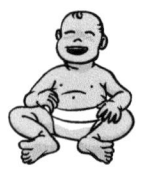

Dojenček
طفل

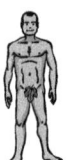

Človek
آدمی

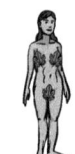

Ženska
عورت

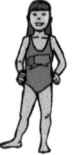

Dekle
لڑکی

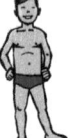

Fant
لڑکا

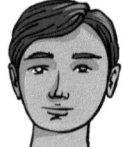

Glava
سر

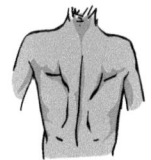

Hrbet

کمر

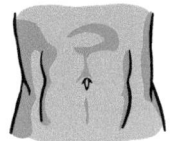

Trebuh

پیٹ

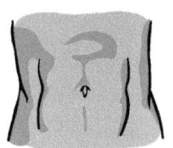

Popek

ناف

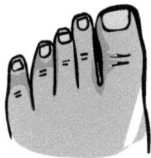

Prst na nogi

پاؤں کا انگوٹھا

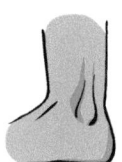

Peta

ایڑھی

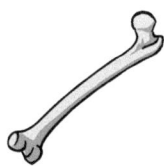

Kost

ہڈی

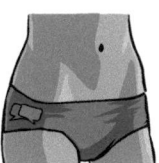

Kolk

کولہا

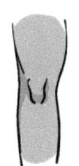

Koleno

گھٹنا

Komolec

کہنی

Nos

ناک

Zadnjica

نچلا حصہ

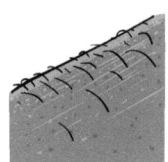

Koža

جلد

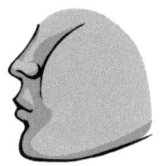

Lice

گال

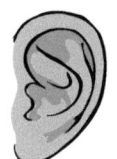

Uho

کان

Ustnica

ہونٹ

Usta

مُنہ

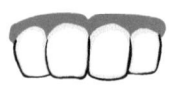

Zob

دانت

Jezik

زُبان

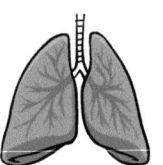

Možgani

دماغ

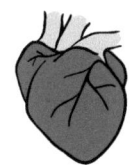

Srce

دل

Mišica

پٹھہ

Pljuča

پھیپھڑا

Jetra

جگر

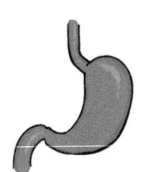

Želodec

معدہ

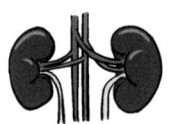

Ledvice

گردے

Spolni odnos

جنس

Kondom

کنڈوم

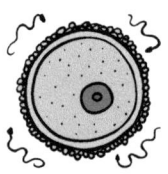

Jajčece

بیضہ

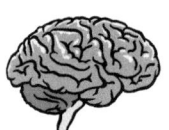

Semenska tekočina

مادہ منویہ

Nosečnost

حمل

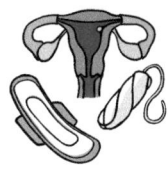

Menstruacija

حیض

Vagina

اندام نهانی

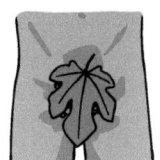

Penis

عضو تناسل

Obrv

بهنویں

Lasje

بال

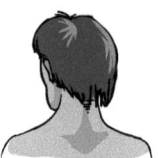

Vrat

گردن

Bolnišnica

ہسپتال

Bolnišnica
ہسپتال
Reševalno vozilo
ایمبولینس
Invalidski voziček
وہیل چیئر
Zlom
ہڈی ٹوٹنا

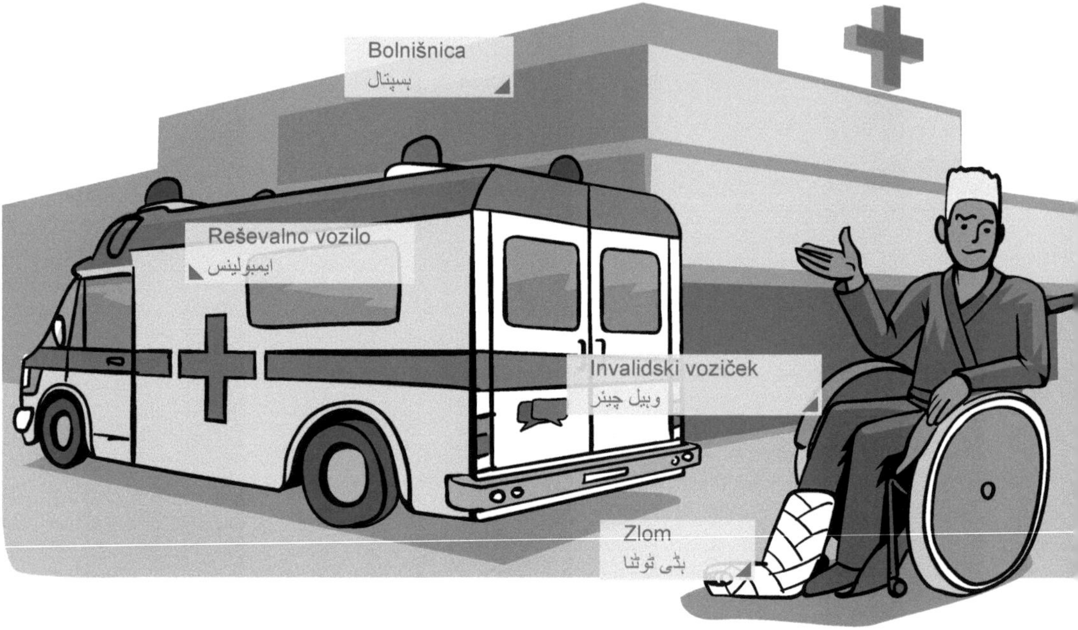

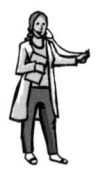

Zdravnik

ڈاکٹر

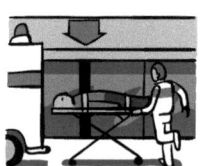

Urgenca

ہنگامی کمرہ

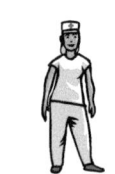

Medicinska sestra

نرس

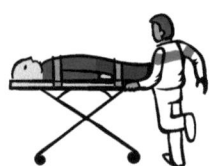

Nujni primer

ہنگامی صورتحال

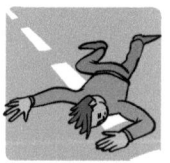

Nezavesten

بےہوش

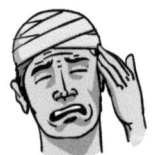

Bolečina

درد

Poškodba

زخم

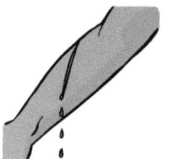

Krvavenje

خون بہنا

Srčni infarkt

دل کا دورہ

Kap

فالج

Alergija

الرجی

Kašelj

کھانسی

Vročina

بخار

Gripa

زکام

Driska

اسہال

Glavobol

سردرد

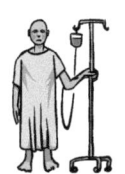

Rak

کینسر

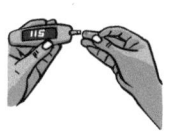

Sladkorna bolezen

ذیابیطس

Kirurg

سرجن

Skalpel

نشتر

Operacija

آپریشن

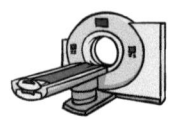

CT

سی ٹی

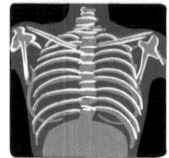

Rentgen

ایکس رے

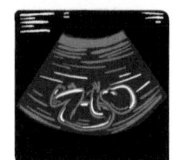

Ultrazvok

الٹراساؤنڈ

Obrazna maska

چہرے کا نقاب

Bolezen

بیماری

Čakalnica

انتظارگاہ

Bergla

بیساکھی

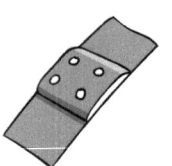

Obliž

پلاسٹر

Preveza

پٹی

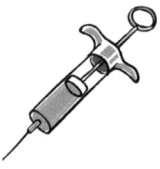

Injekcija

انجکشن

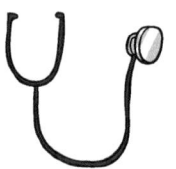

Stetoskop

اسٹیتھواسکوپ

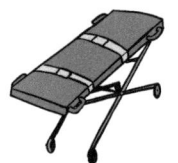

Nosila

اسٹریچر

Klinični termometer

مطبی تھرما میٹر

Porod

پیدائش

Prekomerna teža

حد سےزیادہ وزن

x

Slušni pripomoček

آلہ سماعت

Razkužilo

جراثیم کش

Okužba

انفیکشن

Virus

وائرس

HIV / AIDS

ایچ آئی وی/ ایڈز

Medicina

دوا

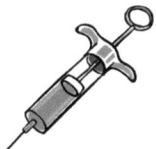

Cepljenje

ویکسی نیشن

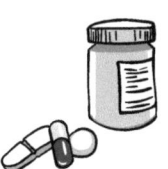

Tablete

گولیاں

Tableta

گولی

Klic v sili

ہنگامی کال

Merilnik krvnega tlaka

بلڈ پریشرمانیٹر

bolano / zdravo

بیمار / صحتمند

Na pomoč!

مدد!

Alarm

الارم

Napad

مُجرمانہ حملہ

Napad

حملہ

Nevarnost

خطرہ

Izhod v sili

ہنگامی راستہ

Gori!

آگ!

Gasilni aparat

آگ بُجھانے والہ آلہ

Nezgoda

حادثہ

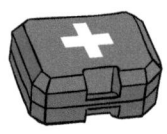

Komplet za prvo pomoč

ابتدائی طبی امداد کی کٹ

SOS

ایس اوایس

Policija

پولیس

Evropa

يورپ

Severna Amerika

شمالی امریکه

Južna Amerika

جنوبی امریکه

Afrika

افریقه

Azija

ایشیا

Avstralija

آستریلیا

Atlantski ocean

بحراوقیانوس

Tihi ocean

بحرالکابل

Indijski ocean

بحربند

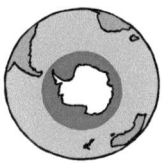

Južni ocean

بحرقطب جنوبی

Arktični ocean

بحرقطب شمالی

Severni tečaj

قطب شمالی

Južni tečaj

قُطب جنوبی

Antarktika

انٹارکٹیکا

Zemlja

زمین

Kopno

زمین

Morje

سمندر

Otok

جزیرہ

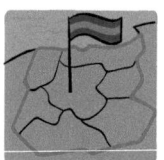

Narod

قوم

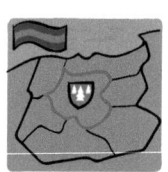

Država

ریاست

Številčnica

كلاک كا سامنےكا حصہ

Urni kazalec

گھنٹوں والی سوئی

Minutni kazalec

منٹوں والی سوئی

Sekundni kazalec

سیكنڈ ہینڈ

Koliko je ura?

كیا وقت ہوا ہے؟

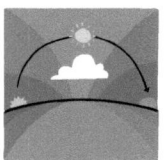

Dan

دن

Čas

وقت

Zdaj

اب

Digitalna ura

ڈیجیٹل گھڑی

Minuta

منٹ

Ura

گھنٹہ

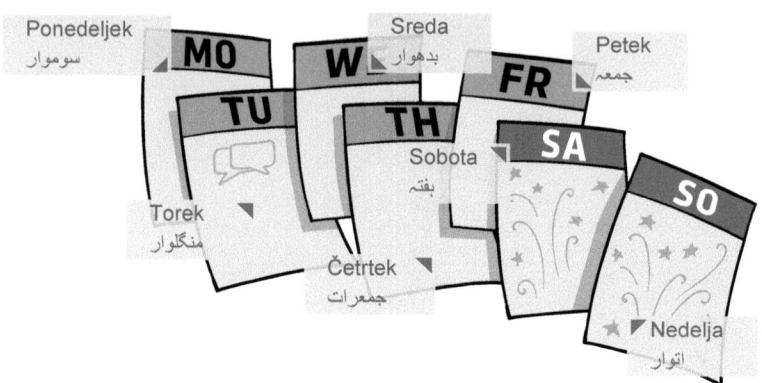

Ponedeljek
سوموار

Sreda
بدھوار

Petek
جمعہ

MO

W

FR

TU

TH

SA

SO

Torek
منگلوار

Sobota
ہفتہ

Četrtek
جمعرات

Nedelja
اتوار

Včeraj
گزرا کل

Danes
آج

Jutri
کل

Jutro
صبح

Poldne
دوپہر

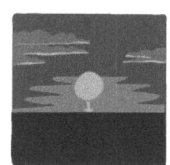

Večer
شام

MO	TU	WE	TH	FR	SA	SU
1	2	3	4	5	6	7
8	9	10	11	12	13	14
15	16	17	18	19	20	21
22	23	24	25	26	27	28
29	30	31	1	2	3	4

Delovni dnevi
کاروباری دن

MO	TU	WE	TH	FR	SA	SU
1	2	3	4	5	6	7
8	9	10	11	12	13	14
15	16	17	18	19	20	21
22	23	24	25	26	27	28
29	30	31	1	2	3	4

Konec tedna
ہفتے کا اختتام

Leto

سال

Mavrica
قوس قزح
Dež
بارش
Veter
ہوا
Sneg
برف
Pomlad
بہار
Jesen
خزاں
Poletje
موسم گرما
Zima
موسم سرما

4.APRIL 11°
5.APRIL 4°
6.APRIL 13°
7.APRIL 8°
8.APRIL 10°

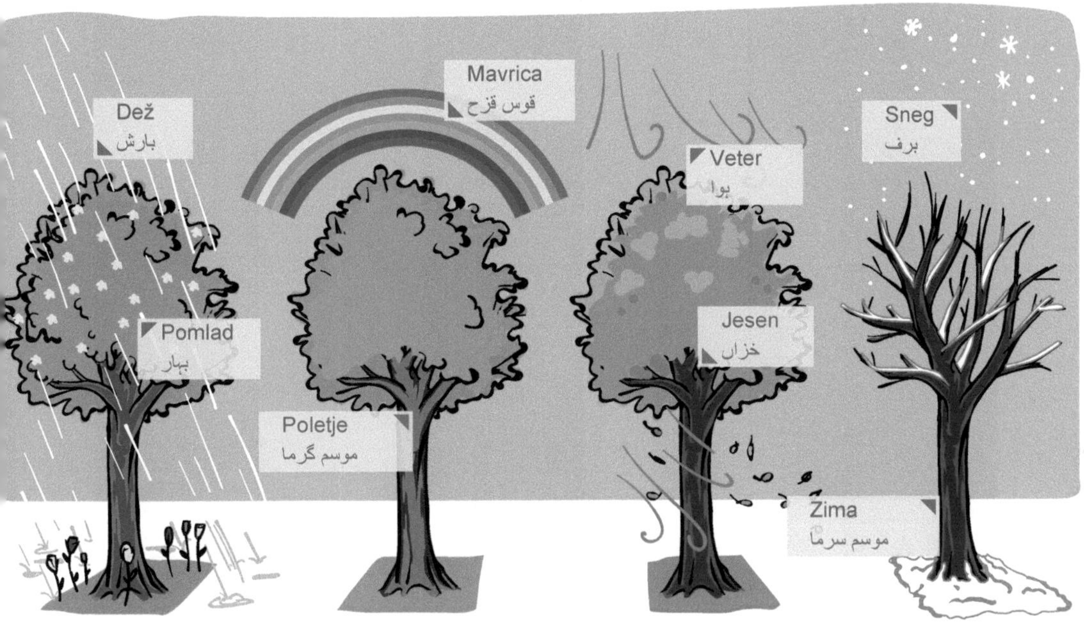

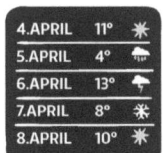

Vremenska napoved

موسمی پیش گوئی

F
C
120
90
60
30
0
-30
40
30
20
10
0
-10
-20

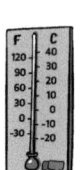

Termometer

تھرما میٹر

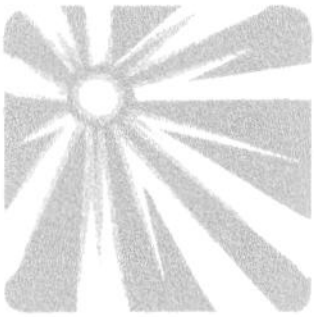

Sončna svetloba

دھوپ

Oblak

بادل

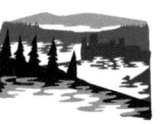

Megla

دُھند

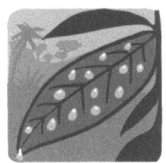

Vlažnost

حبس

Strela

بجلی کوندھنا

Grom

بادلوں کی گرج

Nevihta

طوفان

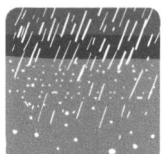

Toča

ژالہ باری

Monsun

مون سون

Poplava

سیلاب

Led

برف

Januar

جنوری

Februar

فروری

Marec

مارچ

April

اپریل

Maj

منی

Junij

جون

Julij

جولائی

Avgust

اگست

September
....
ستمبر

Oktober
....
اکتوبر

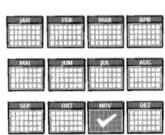

November
....
نومبر

December
....
دسمبر

Oblike
اشكال

Krogla
....
دائره

Kvadrat
....
چوکور

Pravokotnik
....
مُستطیل

Trikotnik
....
تکون

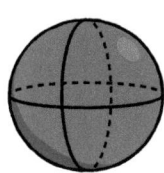

Krogla
....
گره

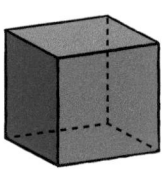

Kocka
....
مکعب

Bela
....
سفید

Rumena
....
پیلا

Oranžna
....
نارنجی

Rožnata
....
گلابی

Rdeča
....
سُرخ

Vijolična
....
جامنی

Modra
....
نیلا

Zelena
....
سبز

Rjava
....
بھورا

Siva
....
مٹیالا

Črna
....
سیاه

veliko / malo

بہت زیادہ / بہت کم

jezno / umirjeno

ناراض / پُرسکون

lepo / grdo

خوبصورت / بدصورت

začetek / konec

آغاز / اختتام

veliko / majhno

بڑا / چھوٹا

svetlo / temno

روشن / اندھیرا

brat / sestra

بھائی / بہن

čisto / umazano

صاف / گندا

popolno / nepopolno

مکمل / نامکمل

dan / noč

دن / رات

mrtvo / živo

زندہ / مُردہ

široko / ozko

چوڑا / تنگ

užitno / neužitno

کھانے کے قابل ہونا / کھانے کے قابل نہ ہونا

zlobno / prijazno

بُرا / اچھا

vznemirjeno / zdolgočaseno

پُرجوش / بوریت کا شکار

debelo / vitko

موٹا / دُبلا

prvo / zadnje

پہلا / آخری

prijatelj / sovražnik

دوست / دُشمن

polno / prazno

بھرا ہوا / خالی

trdo / mehko

سخت / نرم

težko / lahko

بوجھل / ہلکا

lakota / žeja

بھوک / پیاس

bolano / zdravo

بیمار / صحتمند

nezakonito / zakonito

غیرقانونی / قانونی

pametno / neumno

عقلمند / بیوقوف

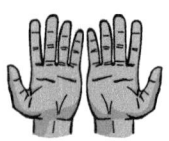

levo / desno

بائیں / دائیں

blizu / daleč

نزدیک / دور

novo / rabljeno

نیا / پُرانا

nič / nekaj

کچھ نہیں / کچھ ہے

staro / mlado

بوڑھا / نوجوان

vklopljeno / izklopljeno

آن / آف

odprto / zaprto

کُھلا / بند

tiho / glasno

خاموش / بُلند آواز

bogato / revno

امیر / غریب

prav / narobe

ٹھیک / غلط

grobo / gladko

کھُردرا / ہموار

žalostno / veselo

افسردہ / خوش

kratko / dolgo

مُختصر / طویل

počasi / hitro

آہستہ / تیز

mokro / suho

گیلا / خُشک

toplo / hladno

گرم / ٹھنڈا

vojna / mir

جنگ / امن

0
Ničla

صفر

1
Ena

ایک

2
Dva

دو

3
Tri

تین

4
Štiri

چار

5
Pet

پانچ

6
Šest

چھ

7
Sedem

سات

8
Osem

آٹھ

9
Devet

نو

10
Deset

دس

11
Enajst

گیارہ

12

Dvanajst

باره

13

Trinajst

تيره

14

Štirinajst

چوده

15

Petnajst

پندره

16

Šestnajst

سوله

17

Sedemnajst

ستره

18

Osemnajst

اٹهاره

19

Devetnajst

أنيس

20

Dvajset

بيس

100

Sto

سو

1.000

Tisoč

بزار

1.000.000

Milijon

دس لاكه

Angleščina

انگریزی

Ameriška angleščina

امریکی انگریزی

Mandarinščina

چینی مینڈارین

Hindujščina

ہندی

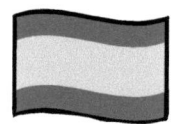

Španščina

ہسپانوی

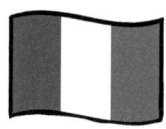

Francoščina

فرانسیسی

Arabščina

عربی

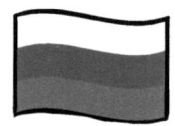

Ruščina

روسی

Portugalščina

پُرتگالی

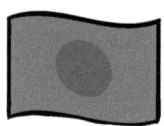

Bengalščina

بنگالی

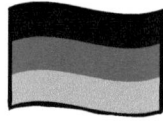

Nemščina

جرمن

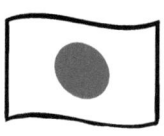

Japonščina

جاپانی

Jaz

میں

Ti

تم

On / ona / tisto

وہ (لڑکا) / وہ (لڑکی) / یہ

Mi

ہم

Vi

تم

Oni

وہ

Kdo?

کون؟

Kaj?

کیا؟

Kako?

کیسے؟

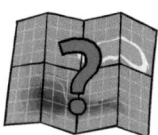

Kje?

کہاں؟

Kdaj?

کب؟

Ime

نام

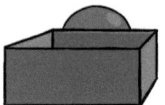

Zadaj

پیچھے

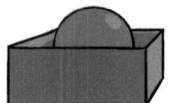

V

میں

Pred

کےسامنے

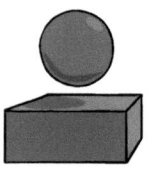

Nad

اوپر

Na

پر

Pod

نیچے

Poleg

ساتھ

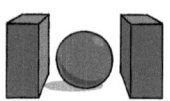

Med

درمیان

Kraj

جگہ